Impressum
Verlag: BABADADA GmbH, Nedderfeld 112 , 22529 Hamburg
Geschäftsführer / Verlagsleitung: Harald Hof
Druck: Books on Demand GmbH, In de Tarpen 42, 22848 Norderstedt

Imprint
Publisher: BABADADA GmbH, Nedderfeld 112 , 22529 Hamburg, Germany
Managing Director / Publishing direction: Harald Hof
Print: Books on Demand GmbH, In de Tarpen 42, 22848 Norderstedt

# مکتب

# koulu

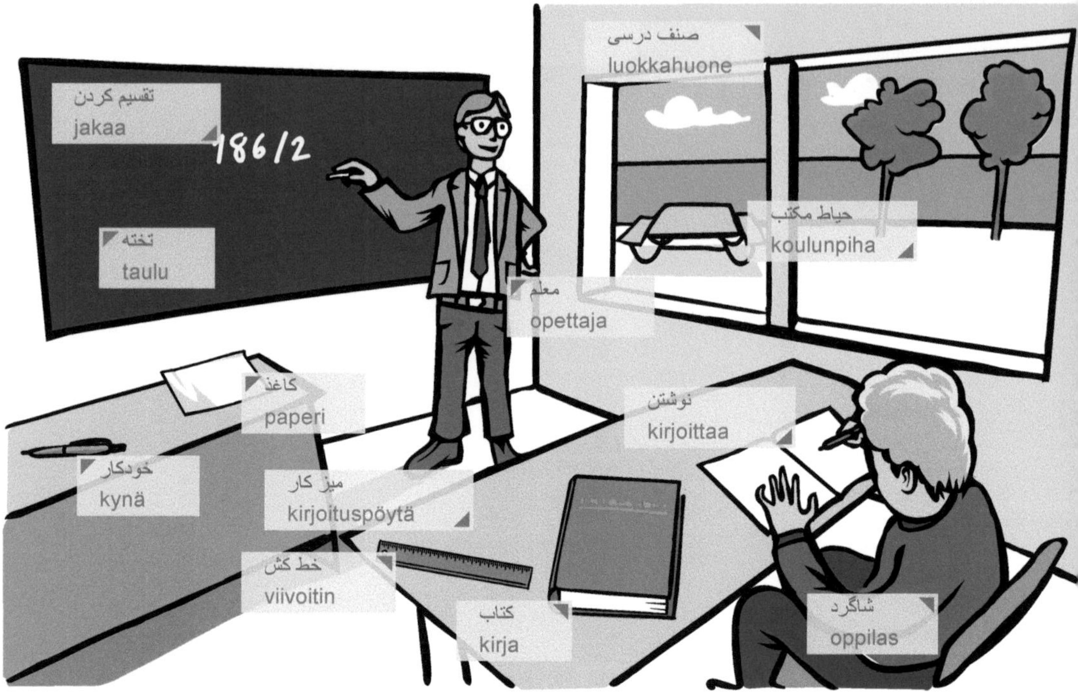
صنف درسی
luokkahuone
تقسیم کردن
jakaa
186/2
تخته
taulu
حیاط مکتب
koulunpiha
معلم
opettaja
کاغذ
paperi
نوشتن
kirjoittaa
خودکار
kynä
میز کار
kirjoituspöytä
خط کش
viivoitin
کتاب
kirja
شاگرد
oppilas

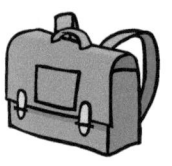

بیگ مکتب

reppu

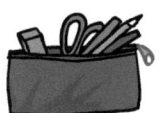

قلم دانی

penaali

پنسل

lyijykynä

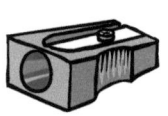

پنسل تراش

kynänteroitin

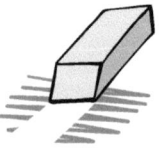

پنسل پاک

pyyhekumi

کتابچه رسم

piirustuslehtiö

نقاشی

piirustus

برس رنگ زنی

pensseli

بکسک رنگه

vesivärit

قیچی

sakset

سریش

liima

کتاب تمرین

harjoituskirja

کار خانگی

kotitehtävä

12

عدد

luku

2+2

جمع کردن

lisätä

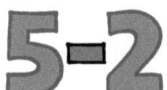

5-2

تفریق کردن

vähentää

2×2

ضرب کردن

kertoa

حساب کردن

laskea

A

حرف

kirjain

ABCDEFG
HIJKLMN
OPQRSTU
VWXYZ

الفبا

aakkoset

hello

کلمه

sana

متن

teksti

خواندن

lukea

تباشیر

liitu

درس

oppitunti

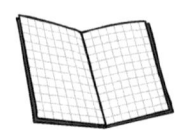

ثبت نام

opettajan muistikirja

امتحان

koe

تصدیقنامه

todistus

یونیفورم مکتب

koulupuku

تحصیل

koulutus

دانشنامه

sanakirja

پوهنتون

yliopisto

مایکروسکوپ

mikroskooppi

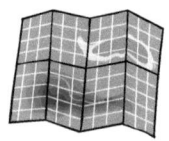

نقشه

kartta

سبد کاغذ باطله

roskakori

# سفر

# matka

Grand
هوتل
hotelli
لیلیه
retkeilymaja
ROOMS
CHANGE
دفتر صرافی
rahanvaihto
بیگ سفری
matkalaukku
موتر
auto


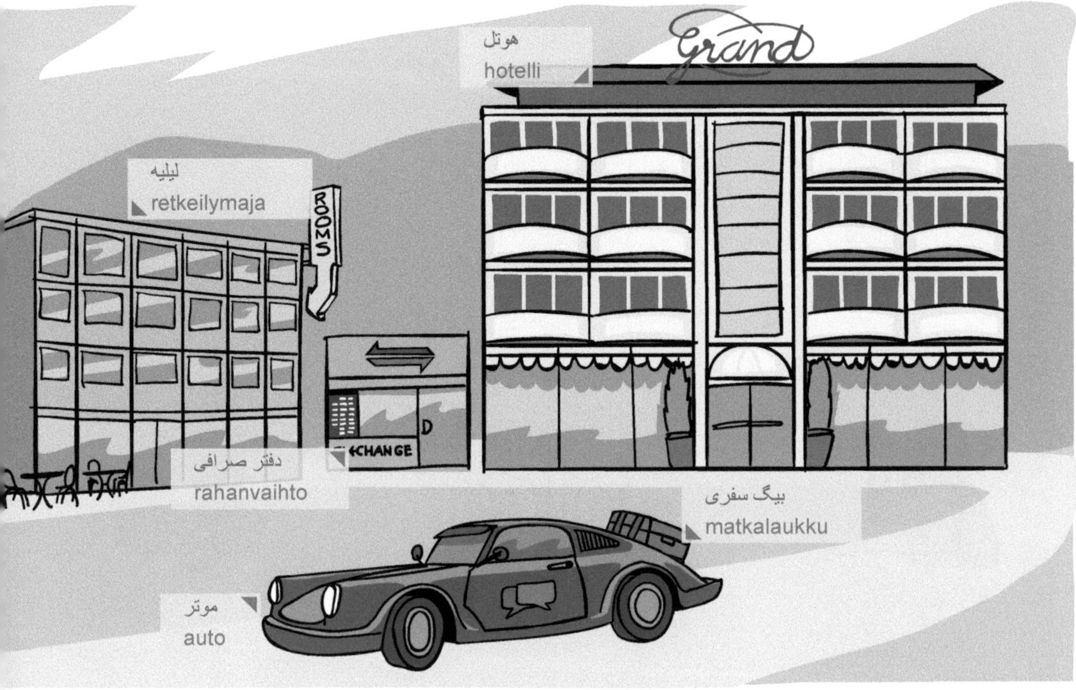

زبان

kieli

بلی / نخیر

kyllä / ei

بسیار خوب

selvä

سلام

hei

مترجم

tulkki

تشکر از شما

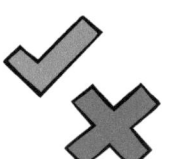

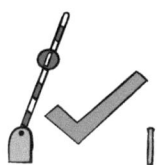

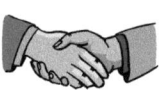

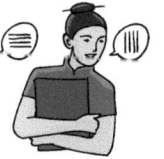

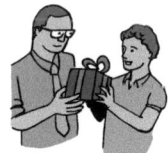

kiitos

قیمتش چقدر است؟

Paljonko...maksaa?

نمی فهمم

en ymmärrä

مشکل

ongelma

عصر بخیر! / شب بخیر!

Hyvää iltaa!

صبح بخیر!

Hyvää huomenta!

شب بخیر!

Hyvää yötä!

خداحافظ

näkemiin

مسیر

suunta

بار مسافر

matkatavarat

بیگ

laukku

بیگ پشتکی

reppu

مهمان

vieras

اطاق

huone

بستره خواب سیار

makuupussi

خیمه

teltta

معلومات توریستی

turisti-info

ساحل

ranta

کریدیت کارت

luottokortti

صبحانه

aamupala

طعام چاشت

lounas

غذای شام

päivällinen

تکت

matkalippu

لفت

hissi

مهر

postimerkki

مرز

raja

گمرک

tulli

سفارتخانه

suurlähetystö

ویزه

viisumi

پاسپورت

passi

# حمل و نقل

# kuljetus

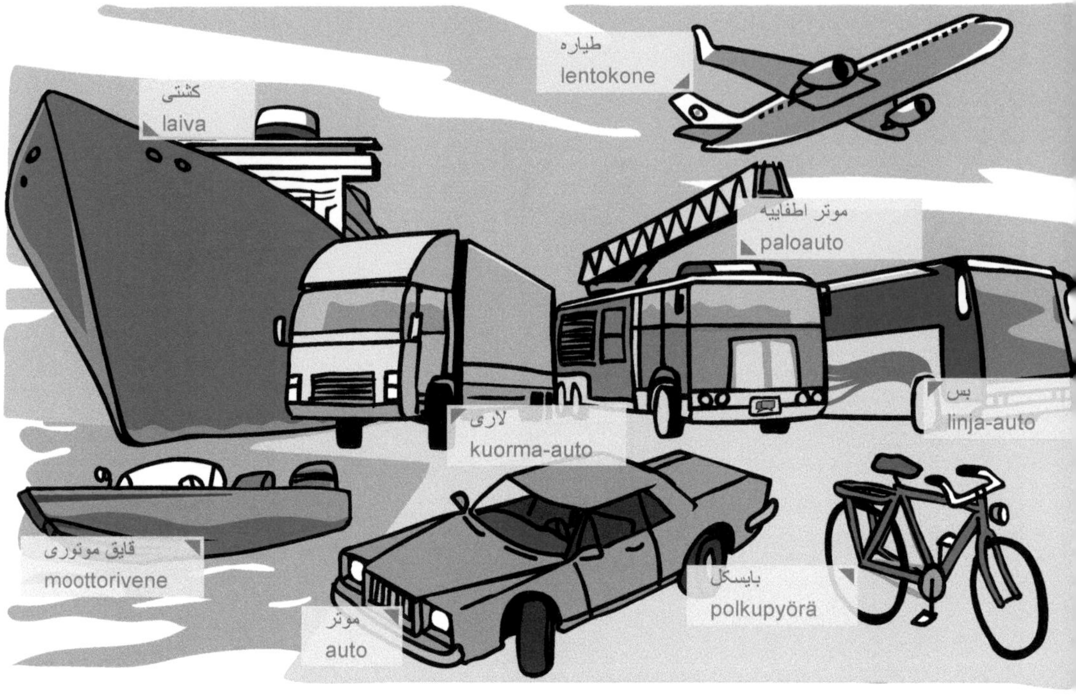

طیاره
lentokone
کشتی
laiva
موتر اطفاییه
paloauto
بس
linja-auto
لاری
kuorma-auto
قایق موتوری
moottorivene
بایسکل
polkupyörä
موتر
auto


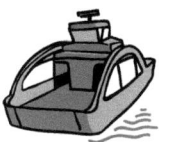

کشتی

..................

lautta

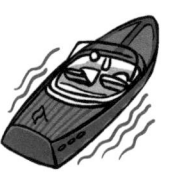

قایق

..................

vene

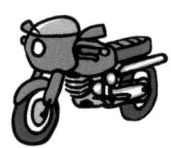

موترسایکل

..................

moottoripyörä

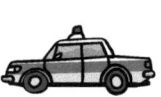

موتر پولیس

..................

poliisiauto

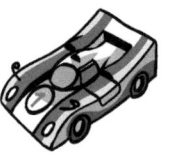

موتر مسابقه

..................

kilpa-auto

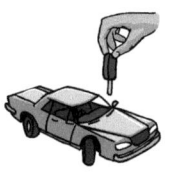

موتر کرایی

..................

vuokra-auto

اشتراک وسایط
..............
car sharing

جرثقیل
..............
hinausauto

موتر حمل زباله
..............
roska-auto

موتور
..............
moottori

تیل
..............
polttoaine

تانک تیل
..............
huoltoasema

علامت ترافیکی
..............
liikennemerkki

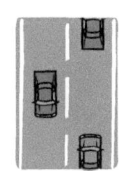

عبور و مرور
..............
liikenne

راهبندان
..............
ruuhka

پارک وسایط
..............
parkkipaikka

ایستگاه ریل
..............
rautatieasema

خط ریل
..............
raiteet

ریل
..............
juna

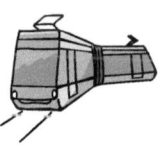

ریل برقی
..............
raitiovaunu

واگن
..............
vaunu

هلیکوپتر

helikopteri

میدان هوایی

lentokenttä

برج

lähilennonjohto

مسافر

matkustaja

کانتینر

kontti

کارتن

pahvilaatikko

گادی

kärryt

سبد

kori

پرواز کردن / فرود آمدن

nousta / laskea

## شهر

# kaupunki

قریه

kylä

تیاتر شهر

keskusta

خانه

talo

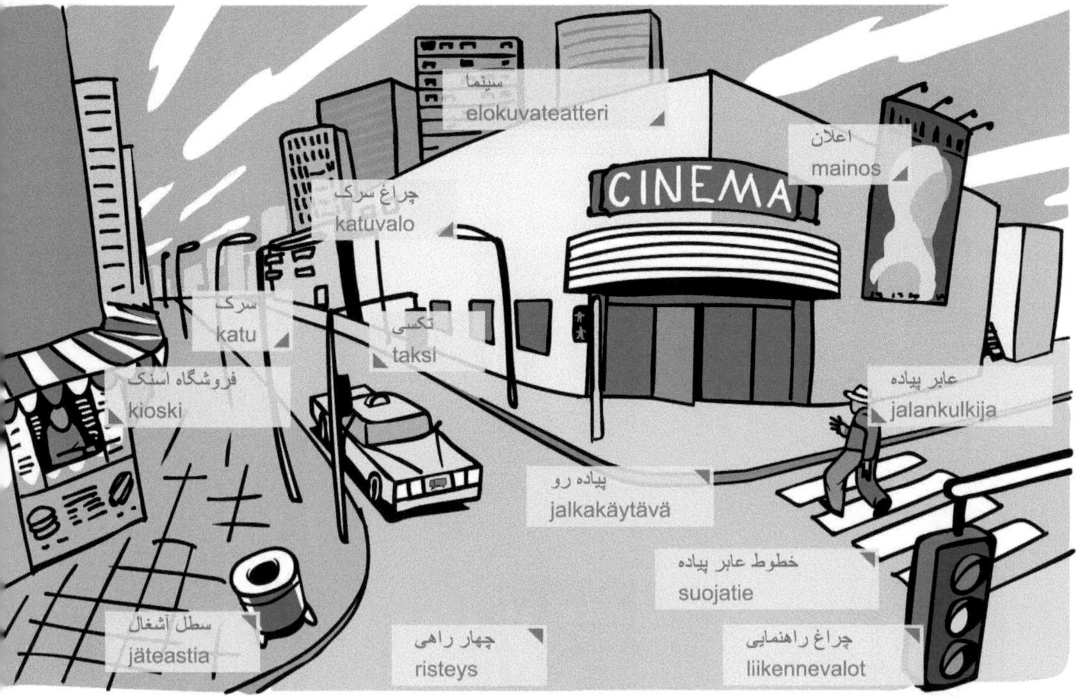

سینما
**elokuvateatteri**

اعلان
**mainos**

چراغ سرک
**katuvalo**

سرک
**katu**

تکسی
**taksi**

فروشگاه اسنک
**kioski**

عابر پیاده
**jalankulkija**

پیاده رو
**jalkakäytävä**

خطوط عابر پیاده
**suojatie**

سطل آشغال
**jäteastia**

چهار راهی
**risteys**

چراغ راهنمایی
**liikennevalot**

کلبه
**mökki**

آپارتمان
**kerrostalo**

ایستگاه ریل
**rautatieasema**

تالار شهر
**kaupungintalo**

موزیم
**museo**

مکتب
**koulu**

پوهنتون

yliopisto

بانک

pankki

شفاخانه

sairaala

هوتل

hotelli

دواخانه

apteekki

دفتر

toimisto

کتابفروشی

kirjakauppa

مغازه

liike

گل فروشی

kukkakauppa

سوپر مارکیت

supermarketti

فروشگاه

tori

فروشگاه

tavaratalo

ماهی فروشی

kalakauppias

مرکز خرید

ostoskeskus

بندر

satama

پارک

puisto

دراز چوکی

penkki

پل

silta

زینه ها

portaat

مترو

metro

تونل

tunneli

ایستگاه بس

linja-autopysäkki

میخانه

baari

رستورانت

ravintola

صندوق پست

postilaatikko

علامت سرک

katukyltti

ماشین پارکو متر

parkkimittari

باغ وحش

eläintarha

حوض آببازی

uimala

مسجد

moskeija

مزرعه

maatila

آلوده گی

ympäristön saastuminen

قبرستان

hautausmaa

کلیسا

kirkko

میدان بازی

leikkikenttä

معبد

temppeli

چشم انداز

# maisema

برگ
lehti

لوحه
tienviitta

راه
tie

علفزار
niitty

سنگ
kivi

درخت
puu

کوهنورد
retkeilijä

دریا
joki

علف
ruoho

گل
kukka

دره
.............
laakso

تپه
.............
vuori

دریاچه
.............
järvi

جنگل
.............
metsä

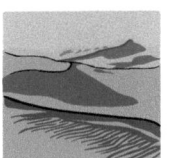

صحرا
.............
aavikko

آتشفشان
.............
tulivuori

قلعه
.............
linna

رنگین کمان
.............
sateenkaari

سمارق
.............
sieni

درخت آلو
.............
palmu

پشه
.............
hyttynen

مگس
.............
kärpänen

مورچه
.............
muurahainen

زنبور
.............
mehiläinen

عنکبوت
.............
hämähäkki

قانغوزک

kovakuoriainen

بقه

sammakko

موش خرما

orava

خارپشت

siili

خرگوش صحرایی

jänis

بوم

pöllö

پرنده

lintu

مرغابی

joutsen

خوک وحشی

villisika

گوزن

peura

گوزن شمالی

hirvi

بند آب

pato

توربین بادی

tuulimylly

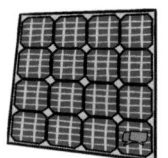

صفحه خورشیدی

aurinkopaneeli

آب و هوا

ilmasto

# رستورانت

# ravintola

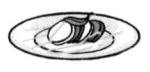

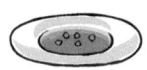

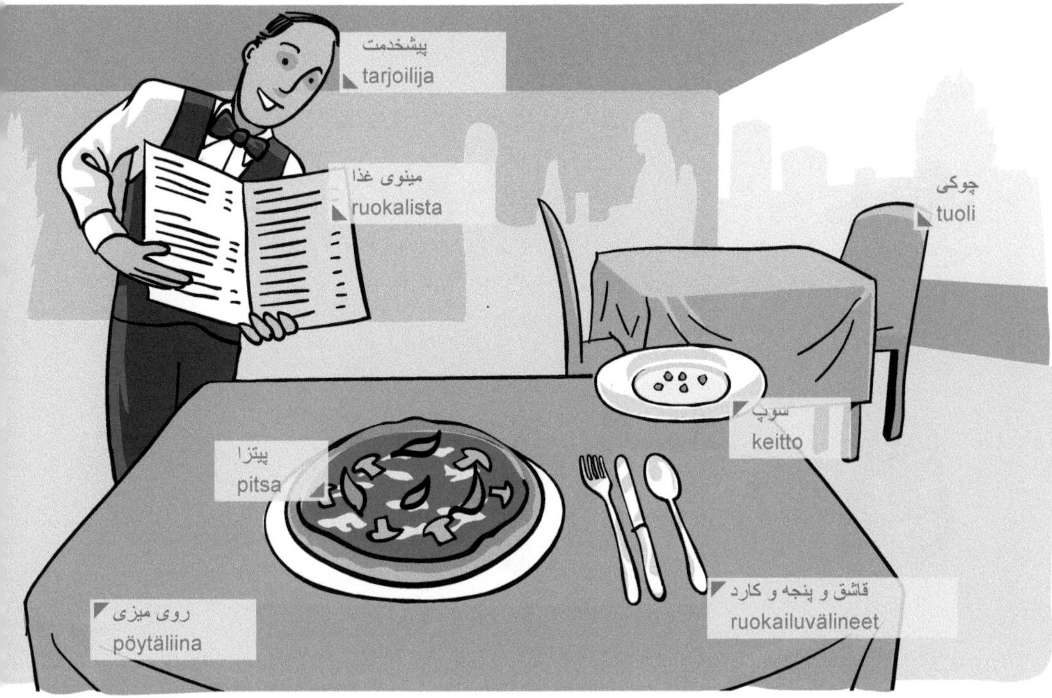
پیشخدمت
tarjoilija
مینوی غذا
ruokalista
چوکی
tuoli
سوپ
keitto
پیتزا
pitsa
قاشق و پنجه و کارد
ruokailuvälineet
روی میزی
pöytäliina

پیش غذا
.................
alkuruoka

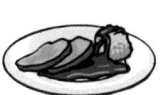

غذای اصلی
.................
pääruoka

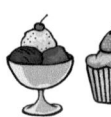

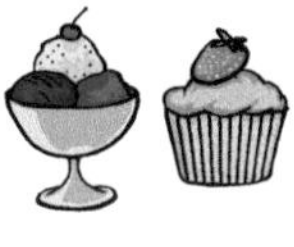

شرینی
.................
jälkiruoka

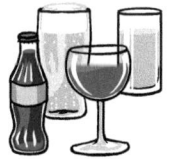

نوشیدنی ها
.................
juomat

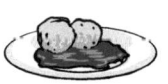

غذا
.................
ruoka

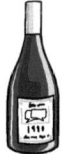

بوتل
.................
pullo

فاست فود

pikaruoka

غذای کنار سرک

katuruoka

چاینک/ترموز

teekannu

قندانی

sokeriastia

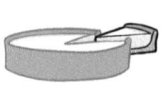

بخش غذا

annos

دستگاه اسپرسو

espressokeitin

چوکی بلند

syöttötuoli

بل

lasku

پطنوس

tarjotin

چاقو

veitsi

پنجه

haarukka

قاشق

lusikka

قاشق چای خوری

teelusikka

دستپاک دسترخوان یا میز

servietti

گیلاس

lasi

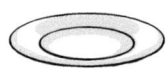

بشقاب
...............
lautanen

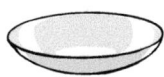

بشقاب سوپ
...............
syvä lautanen

نعلبکی
...............
aluslautanen

چتنی
...............
kastike

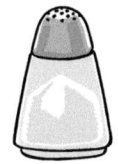

نمکدان
...............
suolasirotin

آسیاب مرچ
...............
pippurimylly

سرکه
...............
etikka

روغن خوراکی
...............
öljy

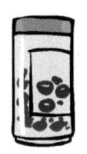

ادویه
...............
mausteet

کچاپ
...............
ketsuppi

ساس خردل
...............
sinappi

مایونز
...............
majoneesi

# سوپر مارکیت

## supermarketti

پیشنهاد خاص
tarjous
FOR
مشتری
asiakas
لبنیات
maitotuotteet
میوه
hedelmät
چرخ دستی
ostoskärryt


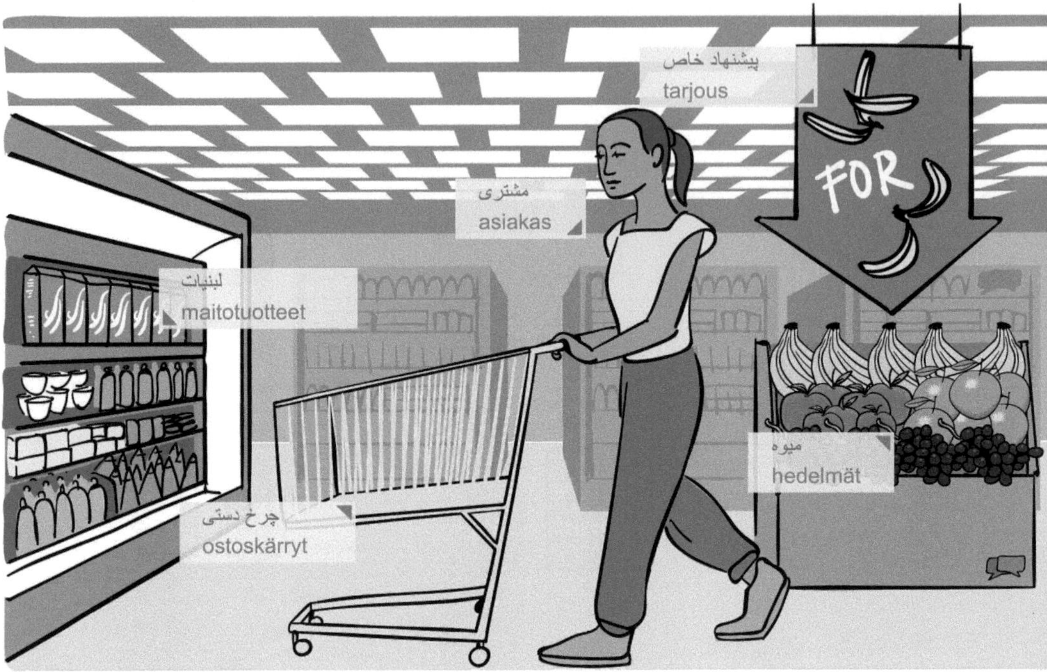

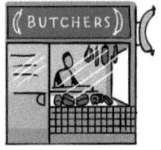

BUTCHERS


قصابی

teurastamo

BAKERY

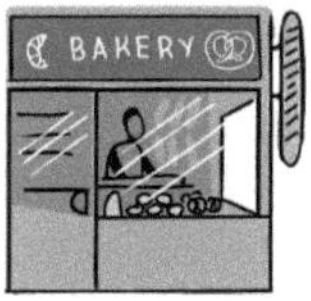

نانوایی

leipomo

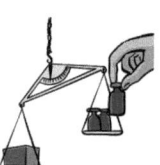

وزن کردن

punnita

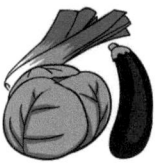

سبزیجات

kasvikset

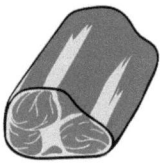

گوشت

liha

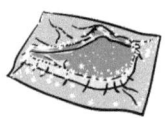

غذای منجمد

pakasteet

غذای سرد

leikkele

غذای کنسر شده

säilykkeet

پودر رختشویی

pesujauhe

شیرینی

makeiset

لوازم خانگی

kotitaloustarvikkeet

محصولات پاک کننده

puhdistusaineet

فروشنده

myyjä

دخل پیسه

kassa

صندوقدار

kassanhoitaja

لست خرید

ostoslista

ساعات کاری

aukioloajat

بکسک جیبی

lompakko

کریدیت کارت

luottokortti

بیگ

kassi

بیگ پلاستیکی

muovipussi

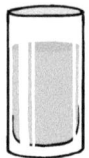

آب

vesi

جوس

mehu

شیر

maito

نوشابه

kokis

شراب

viini

بیر

olut

الکول

alkoholi

ککو

kaakao

چای

tee

قهوه

kahvi

أسپرسو

espresso

کاپوچینو

cappuccino

# ruoka

كيله

banaani

سيب

omena

مالته

appelsiini

تربوز

meloni

ليمو

sitruuna

زردگ

porkkana

سير

valkosipuli

چوب خيزران

bambu

پياز

sipuli

سمارق

sieni

مغزيات

pähkinät

آش

spagetti

مکرونی

spagetti

برنج

riisi

سلاد

salaatti

چیپس

ranskalaiset

کچالو سرخ کرده

paistetut perunat

پیتزا

pitsa

همبرگر

hampurilainen

ساندویچ

voileipä

کتلت

leike

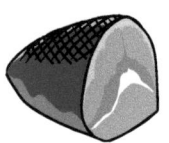

همبرگر

kinkku

سالامی

salami

ساسج

makkara

مرغ

kana

کباب

paisti

ماهی

kala

فرنی جو

kaurahiutaleet

صبحانه رژیمی

mysli

کورن فلکس

murot

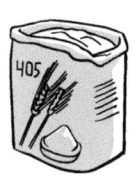

آرد

jauho

کروسانت

voisarvi

قرص نان

sämpylä

نان خشک

leipä

توست / نان بریان

paahtoleipä

بیسکیت

keksit

مسکه

voi

چکه

rahka

کیک

kakku

تخم مرغ

kananmuna

تخم مرغ سرخ شده

paistettu kananmuna

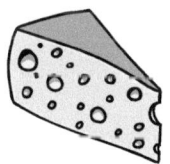

پنیر

juusto

آیسکریم

jäätelö

شکر

sokeri

عسل

hunaja

مربا

hillo

مسکه چاکلیت

suklaapähkinälevite

زردچوبه هندی

curry

# مزرعه

## maatila

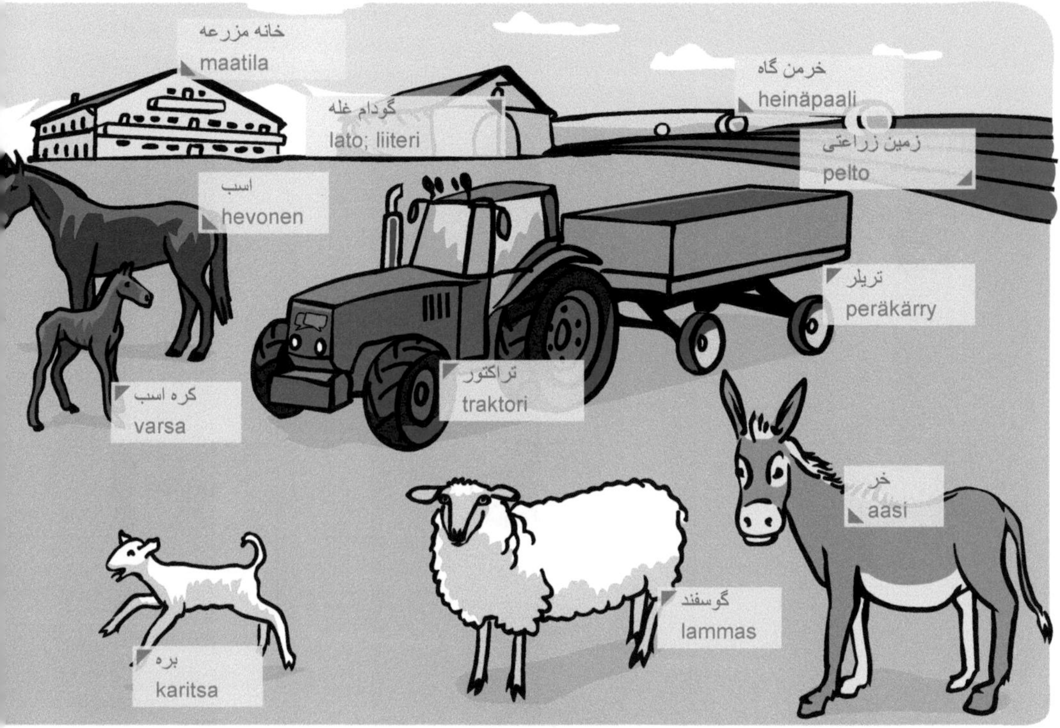

خانه مزرعه
maatila
گودام غله
lato; liiteri
خرمن گاه
heinäpaali
زمین زراعتی
pelto
اسب
hevonen
تریلر
peräkärry
کره اسب
varsa
تراکتور
traktori
خر
aasi
گوسفند
lammas
بره
karitsa


بز

vuohi

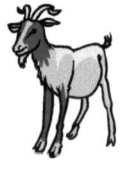

گاو

lehmä

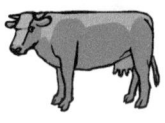

گوساله

vasikka

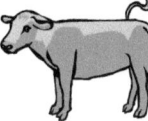

خوک

sika

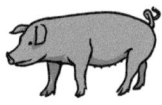

خوکچه

porsas

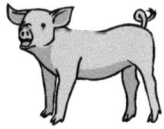

گاو نر

sonni

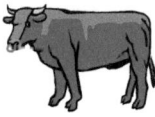

قاز

hanhi

مرغابی

ankka

چوچه مرغ

tipu

مرغ

kana

خروس

kukko

موش صحرایی

rotta

پیشک

kissa

موش

hiiri

گاومیش

härkä

سگ

koira

خانه سگ

koirankoppi

خانه باغ

puutarhaletku

آبپاش

kastelukannu

داس

viikate

قولبه کردن

aura

داس
.............
sirppi

کج بیل
.............
kuokka

چنگال باغبانی
.............
talikko

تبر
.............
kirves

کراچی
.............
kottikärryt

تغار
.............
kaukalo

قوطی شیر
.............
maitokannu

بوجی
.............
säkki

دیوار مرزی از چوب یا سیم خار دار
.............
aita

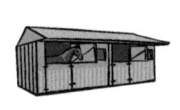

پایدار
.............
tallı

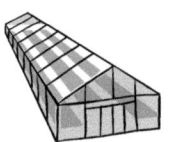

گلخانه
.............
kasvihuone

خاک
.............
maa

تخم
.............
siemen

کود
.............
lannoite

ماشین درو وخرمنکوبی
.............
leikkuupuimuri

درو کردن

kerätä sato

درو

sato

کچالو شرین

jamssit

گندم

vehnä

سویا

soija

کچالو

peruna

جواری

maissi

کلزا

rypsi

درخت میوه

hedelmäpuu

مانیوک

maniokki

غلات و حبوبات

vilja

# خانه

## talo

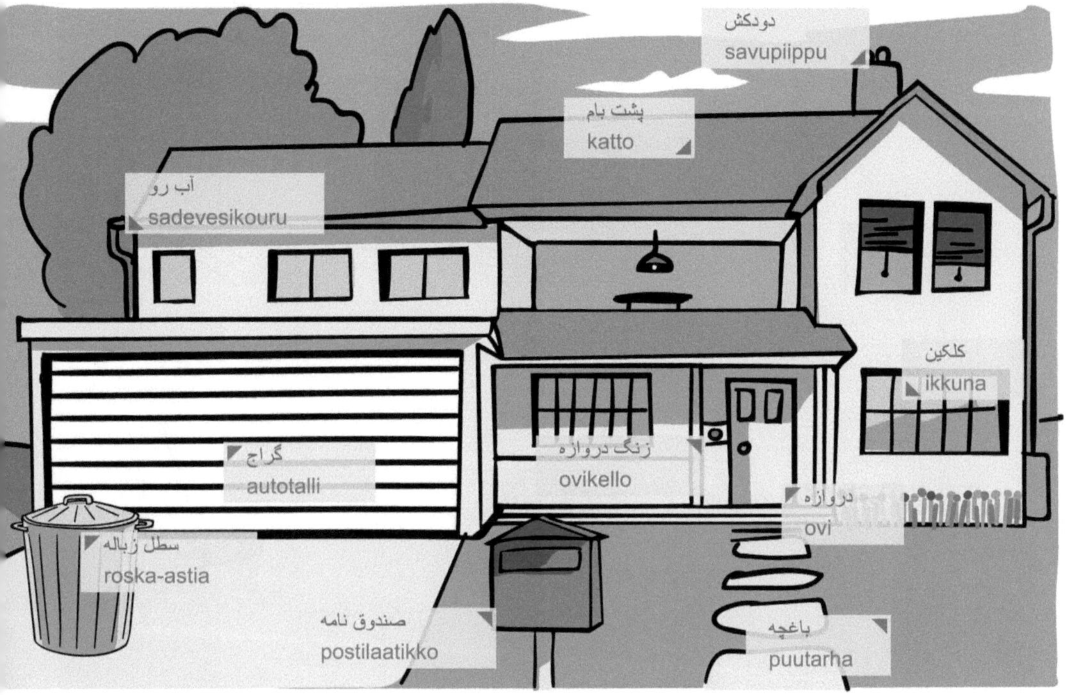

دودکش
savupiippu
پشت بام
katto
آب رو
sadevesikouru
کلکین
ikkuna
گراج
autotalli
زنگ دروازه
ovikello
دروازه
ovi
سطل زباله
roska-astia
صندوق نامه
postilaatikko
باغچه
puutarha


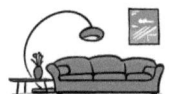

اطاق نشیمن

olohuone

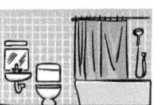

حمام / دستشویی

kylpyhuone

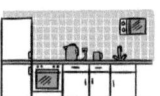

آشپزخانه

keittiö

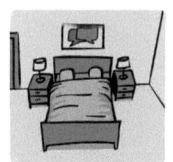

اطاق خواب

makuuhuone

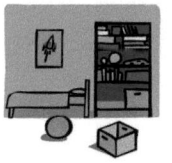

اطاق اطفال

lastenhuone

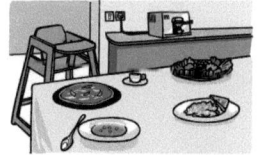

اطاق پذیرایی

ruokahuone

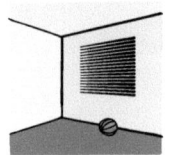

كف زمين

lattia

ديوار

seinä

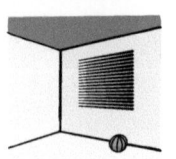

سقف

katto

گودام زير زمينى

kellari

سونا

sauna

بالكن

parveke

برنده / بالكن

terassi

حوض

uima-allas

ماشين درو كردن چمن

ruohonleikkuri

ورق كاغذ

lakana

روجايى

päiväpeitto

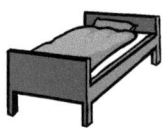

تختخواب

sänky

جارو

harja

سطل

ämpäri

سويچ

katkaisin

# اطاق نشیمن

## olohuone

کاغذ دیواری
tapetti
تصویر
kuva
چراغ
lamppu
قفسه
hylly
کابینت
kaappi
تلویزیون
televisio
بخاری دیواری
takka
گل
kukka
بالشت
tyyny
کوچ
sohva
گلدان
maljakko
ریموت کنترول
kaukosäädin


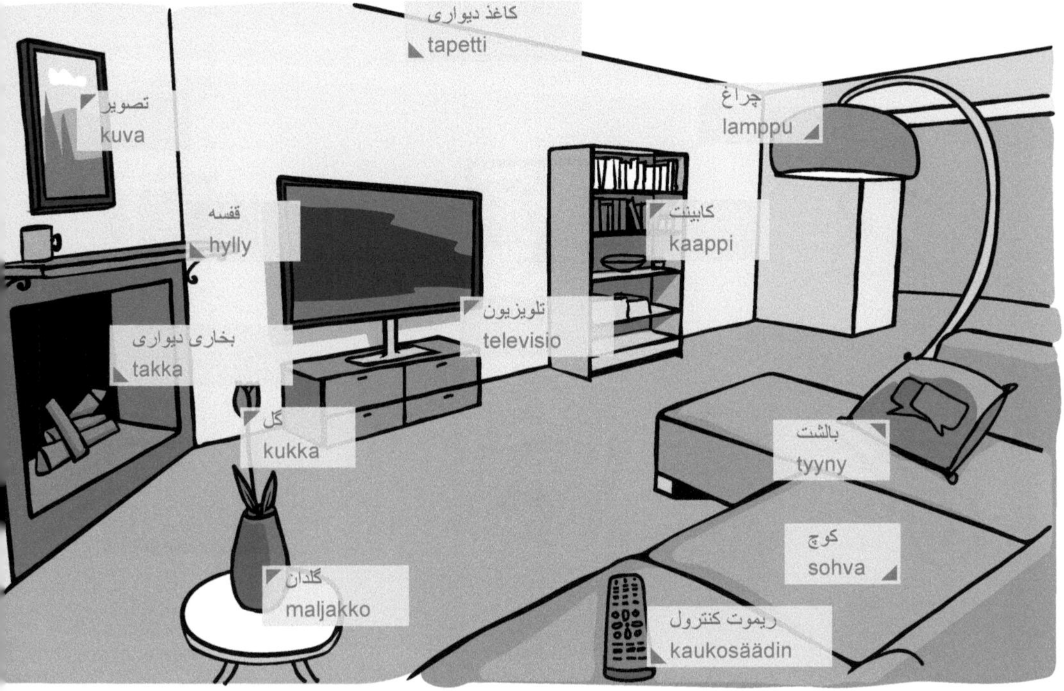

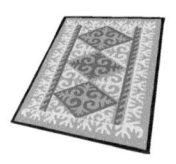

فرش

matto

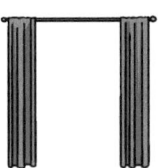

پرده

verho

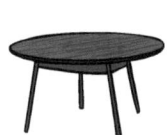

میز

pöytä

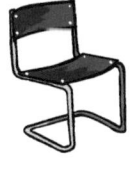

چوکی

tuoli

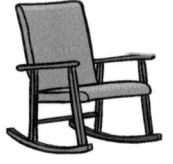

چوکی گهواره یی

keinutuoli

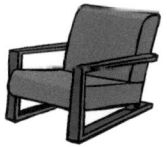

چوکی دسته دار

nojatuoli

کتاب

kirja

کمپل

peitto

دکوراسیون

koriste

هیزم

polttopuut

فلم

elokuva

سیستم های فای

stereot

کلید

avain

روزنامه

sanomalehti

تابلوی نقاشی

maalaus

پوستر

juliste

رادیو

radio

دفتر

muistivihko

جاروبرقی

pölynimuri

کاکتوس

kaktus

شمع

kynttilä

# آشپزخانه
# keittiö

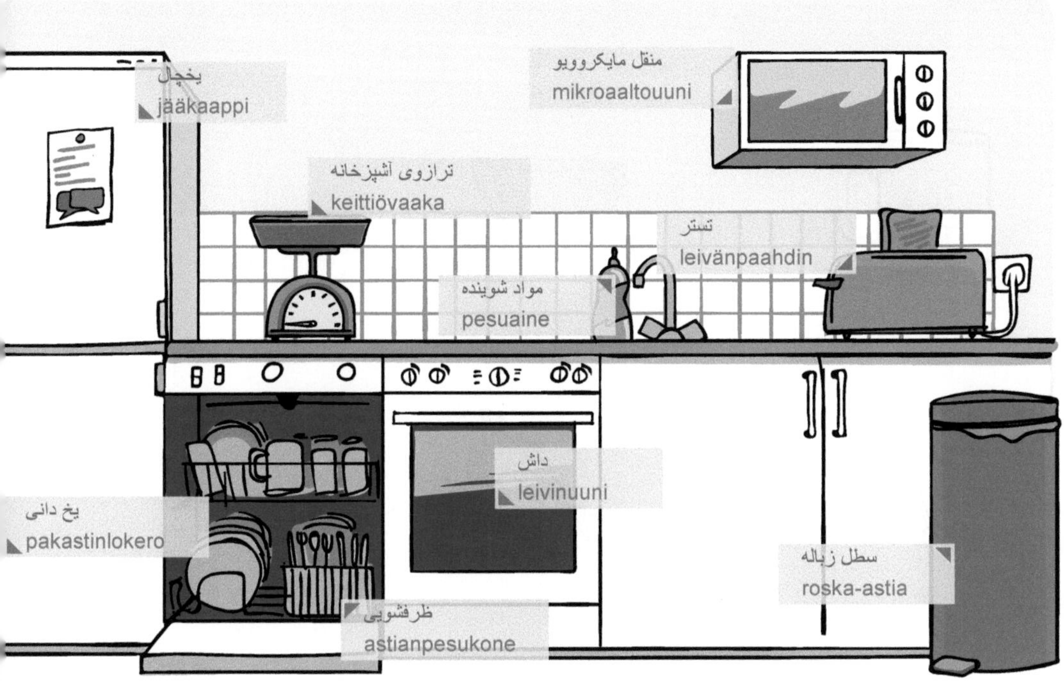
یخچال
jääkaappi
منقل مایکروویو
mikroaaltouuni
ترازوی آشپزخانه
keittiövaaka
تستر
leivänpaahdin
مواد شوینده
pesuaine
داش
leivinuuni
یخ دانی
pakastinlokero
سطل زباله
roska-astia
ظرفشویی
astianpesukone

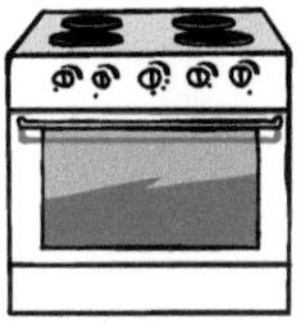

منقل

liesi

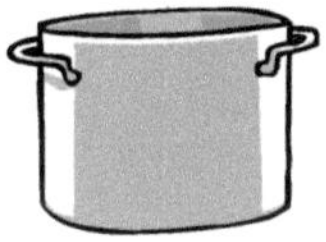

دیگ

kattila

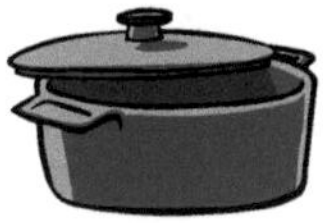

دیگ چدنی

rautapata

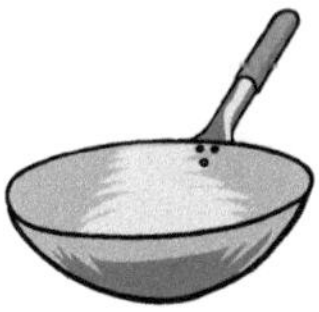

کراهی

vokkipannu / kadai-pannu

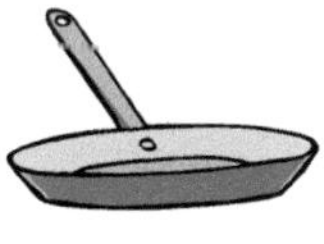

تابه

paistinpannu

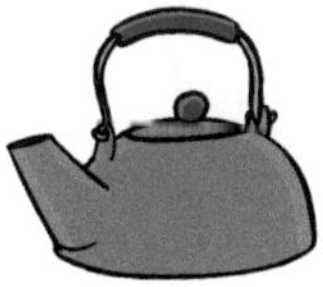

چای جوش

teepannu

بخارپز

höyrykeitin

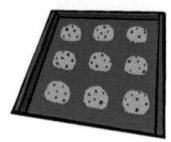

پطنوس طباخی

uunipelti

ظروف

astiat

پیاله کلان

muki

کاسه

kulho

چاپستیک ها

syömäpuikot

ملاقه

kauha

کفگیر

paistinlasta

مخلوط کننده

vispilä

چلو صاف

siivilä

غلبیل

siivilä

رنده

raastin

هاونگ

mortteli

بار بیکیو

grilli

آتش باز

avotuli

تخته برش

leikkuulauta

آشگز

kaulin

سر بازکن

korkinavaaja

قوطی

purkki

سر باز کن

purkinavaaja

دستگیره تکه ای

pannulappu

ظرف شویی

lavuaari

برس ظرف شویی

tiskiharja

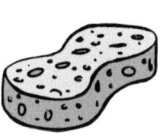

اسفنج

pesusieni

مخلوط کن

tehosekoltin

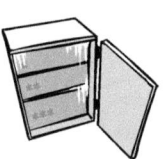

فریزر

pakastin

شیر چوشک اطفال

tuttipullo

نل آب

vesihana

# حمام / دستشویی

# kylpyhuone

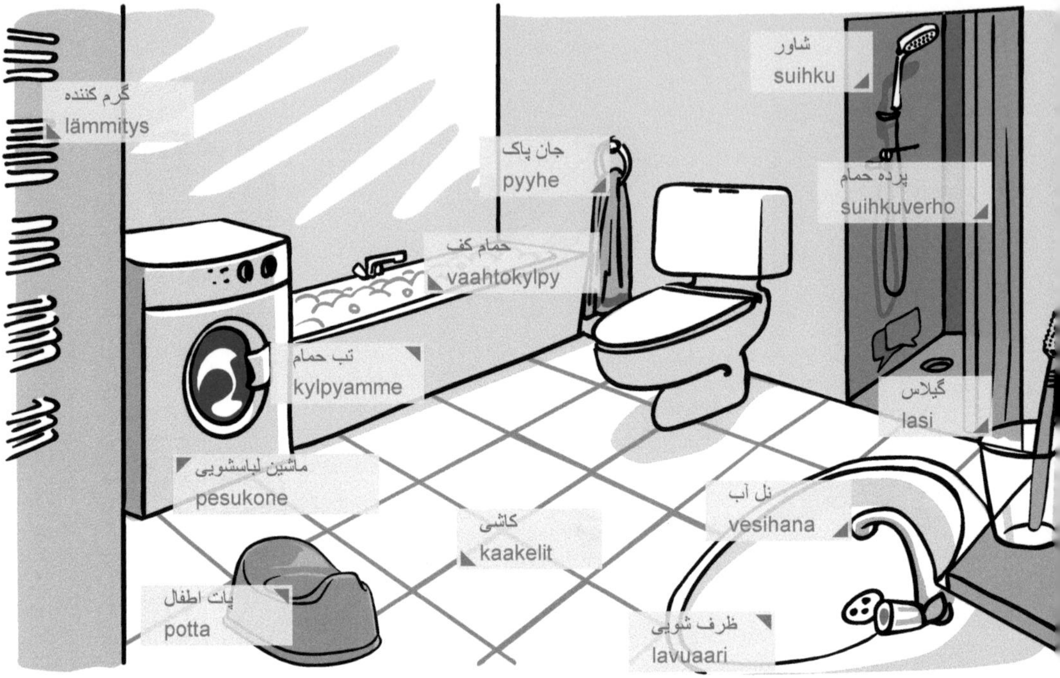

گرم کننده
lämmitys
جان پاک
pyyhe
شاور
suihku
پرده حمام
suihkuverho
حمام کف
vaahtokylpy
تب حمام
kylpyamme
گیلاس
lasi
ماشین لباسشویی
pesukone
نل آب
vesihana
کاشی
kaakelit
پات اطفال
potta
ظرف شویی
lavuaari


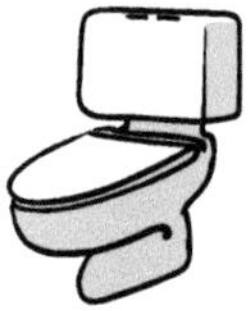

تشناب

vessa

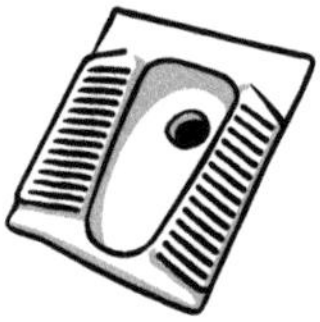

کمود فرشی

kyykkyvessa

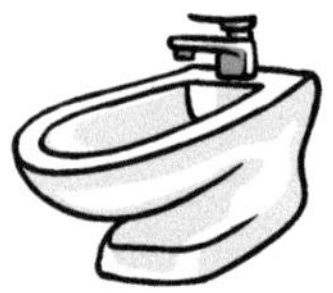

کمود

bidee

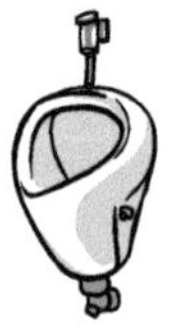

تشناب مرد ها

pisuaari

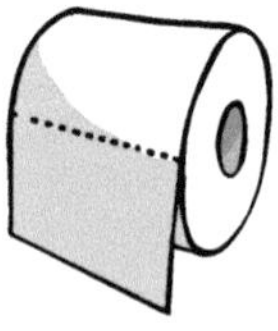

کاغذ تشناب

vessapaperi

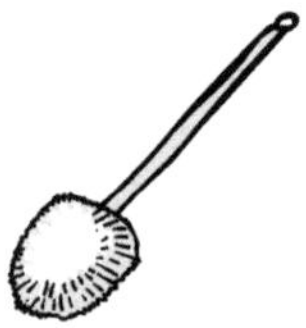

برس کمود

vessaharja

برس دندان

hammasharja

کریم دندان

hammastahna

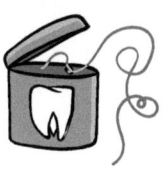

نخ دندان

hammaslanka

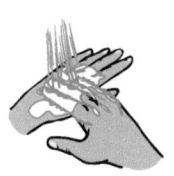

شستن

pestä

شاور دستی

käsisuihku

شاور کمود

intiimisuihku

دستشویی

pesuvati

برس پشت

selkäharja

صابون

saippua

جل حمام

suihkugeeli

شامپو

shampoo

لیف

pesulappu

آب رو

viemäri

کریم

voide

بوزدا

deodorantti

آینه

peili

آینه دستی

käsipeili

ریش تراش

partaveitsi

کف ریش تراشی

partavaahto

کلونیا

partavesi

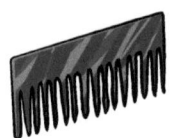

شانه موی

kampa

برس

harja

سشوار

hiustenkuivaaja

اسپری مو

hiuslakka

آرایش

meikki

لب سرین

huulipuna

رنگ ناخن

kynsilakka

پشم پنبه

pumpuli

ناخن گیر

kynsisakset

عطر

hajuvesi

کیسه شستشو

kosmetiikkalaukku

چوکی چار پایه

jakkara

ترازوی وزن

vaaka

جان پاک

kylpytakki

دستکش پلاستیکی

kumihansikkaat

تامپون

tamponi

کوتکس

terveysside

تشناب سیار

kemiallinen wc

# اطاق اطفال

# lastenhuone

ساعت زنگ دار
herätyskello
گدی های نرم
pehmolelu
موتر سامان بازی
leikkiauto
جرنگانه
helistin
خانه گدی
nukkekoti
هدیه
lahja


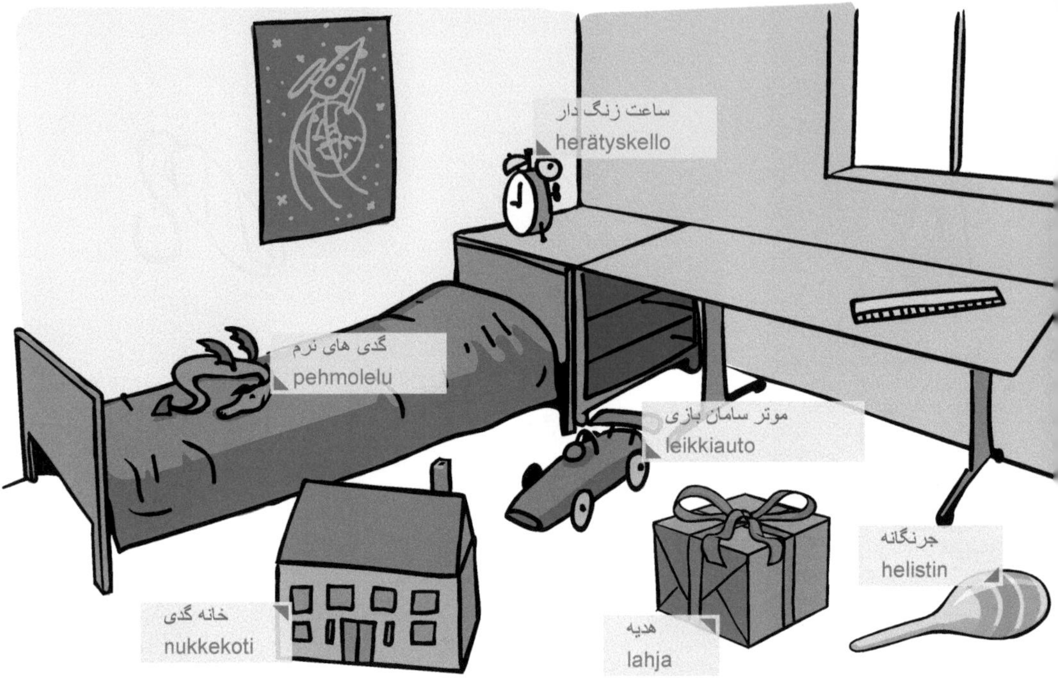

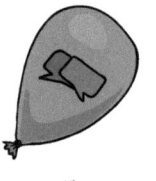

پوقانه

ilmapallo

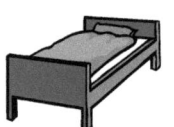

تختخواب

sänky

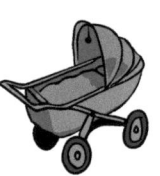

ریکشه اطفال

lastenvaunut

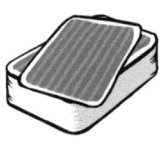

قطعه بازی

korttipeli

پازل

palapeli

SUPER MEGA


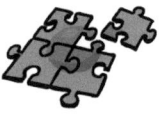

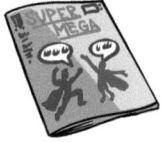

خنده آور

sarjakuva

خشت های لگو

legopalikat

بلوک های سامان بازی

rakennuspalikat

پچه فلم

supersankari

لباس طفل

potkupuku

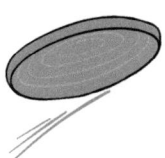

فریزبی

frisbee

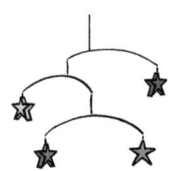

سامان بازی که روی تخت خواب اطفال
اویزان می شود

mobile

بازی تخته یی

lautapeli

تاس

noppa

ریل اسباب بازی

pienoisjunarata

چوشک

tutti

مهمانی

juhlat

کتاب تصویری

kuvakirja

توپ

pallo

گدیگک

nukke

بازی کردن

leikkiä

جعبه ریگ

hiekkalaatikko

گاز

keinu

اسباب بازی

lelut

کنسول بازی کمپیوتری

pelikonsoli

سه چرخه

kolmipyörä

خرس سامان بازی

nalle

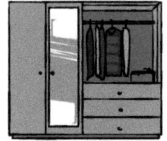

الماری لباس

vaatekaappi

لباس

## vaatteet

جوراب

sukat

جوراب دراز

nylonsukat

برجس

sukkahousut

چادر سر
kaulaliina

چتری
sateenvarjo

بلوز
t-paita

کمربند
vyö

کرمچ
lenkkarit

بوت
saappaat

چپلک
sisätossut

چپلی
sandaalit

بوت
kengät

موزه پلاستیکی
kumisaappaat

نیکر
alushousut

واسکت زنانه
rintaliivit

واسکت
aluspaita

بدن

body

برزو

housut

پتلون کاوبای

farkut

دامن

hame

بلوز

pusero

پیراهن

paita

یالان

villapaita

جاکت کلاه دار

collegepaita

جاکت

jakku

چمپر

takki

کورتی

takki

کوت بارانی

sadetakki

لباس مخصوص مراسم

puku

پیراهن

mekko

لباس عروسی

hääpuku

لباس - vaatteet

دریشی
........
puku

لباس خواب
........
yöpaita

پاجامه
........
pyjama

ساری
........
shari

چادر سر
........
päähuivi

لنگی
........
turbaani

چادری
........
burka

كفتان
........
kaftaani

چادر
........
abaya

لباس آببازی
........
uimapuku

نیکر پاچه دار
........
uimahousut

پتلون نصفه
........
shortsit

لباس ورزشی
........
verkkarit

پیش بند
........
esiliina

دستكش
........
käsineet

دكمه

nappi

عینک

silmälasit

دستبند

rannekoru

گردن بند

kaulakoru

انگشتر

sormus

گوشواره

korvakoru

کلاه پیک دار

lippalakki

کوت بند

ripustin

کلاه

hattu

نیکتایی

solmio

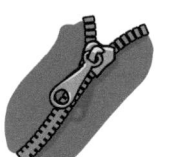

زیپ

vetoketju

کلاه مصون

kypärä

بند تنبان

henkselit

یونیفورم مکتب

koulupuku

یونیفورم

univormu

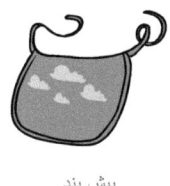

پیش بند

ruokalappu

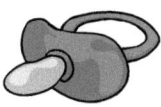

چوشک

tutti

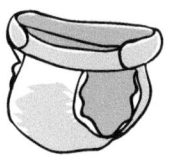

پمپر

vaippa

## دفتر

## toimisto

سرور
palvelin
الماری اسناد
asiakirjakaappi
کاغذ
paperi
پرینتر
tulostin
مانیتور
näyttö
میز کار
kirjoituspöytä
ماوس
hiiri
فولدر
kansio
کیبورد
näppäimistö
سبد کاغذ باطله
roskakori
کمپیوتر
tietokone
چوکی
tuoli


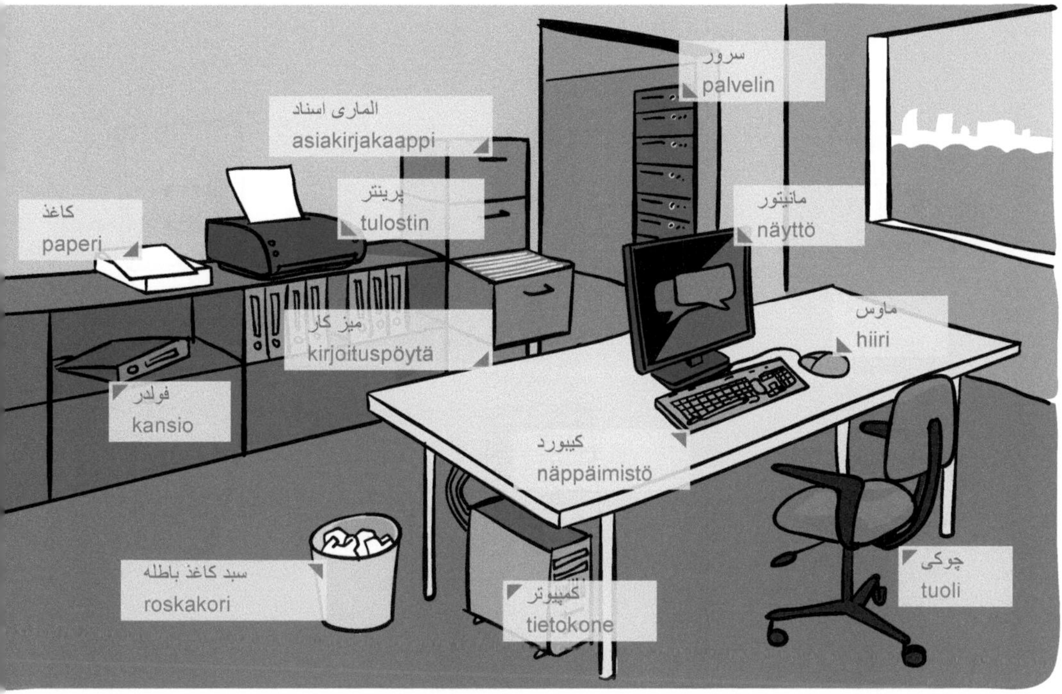

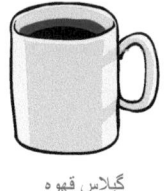

گیلاس قهوه

kahvimuki

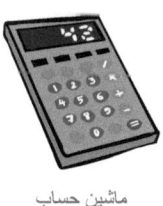

ماشین حساب

taskulaskin

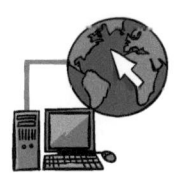

اینترنت

internet

لپ تاپ

kannettava tietokone

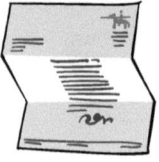

نامه

kirje

پیام

viesti

موبایل

kännykkä

شبکه

verkko

ماشین فوتوکاپی

kopiokone

نرم افزار

ohjelmisto

تلیفون

puhelin

پلک

pistorasia

دستگاه فکس

faksi

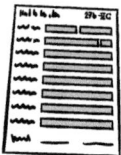

فورمه

lomake

سند

asiakirja

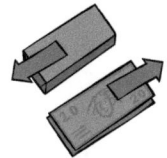

خرید کردن

ostaa

پرداختن

maksaa

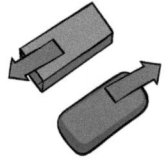

تجارت کردن

vaihtaa

پول

raha

دالر

dollari

یورو

euro

ین

jeni

روبل

rupla

فرانک سوئیس

frangi

یوان رنمینبی

renminbi juan

روپیه

rupia

خودپرداز

pankkiautomaatti

دفتر صرافی

rahanvaihto

طلا

kulta

نقره

hopea

نفت

öljy

انرژی

energia

قیمت

hinta

قرارداد

sopimus

مالیات

vero

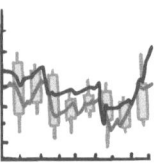

سهام

osake

کار کردن

työskennellä

کارمند

työntekijä

استخدام کننده

työnantaja

فابریکه

tehdas

مغازه

liike

# شغل ها

# ammatit

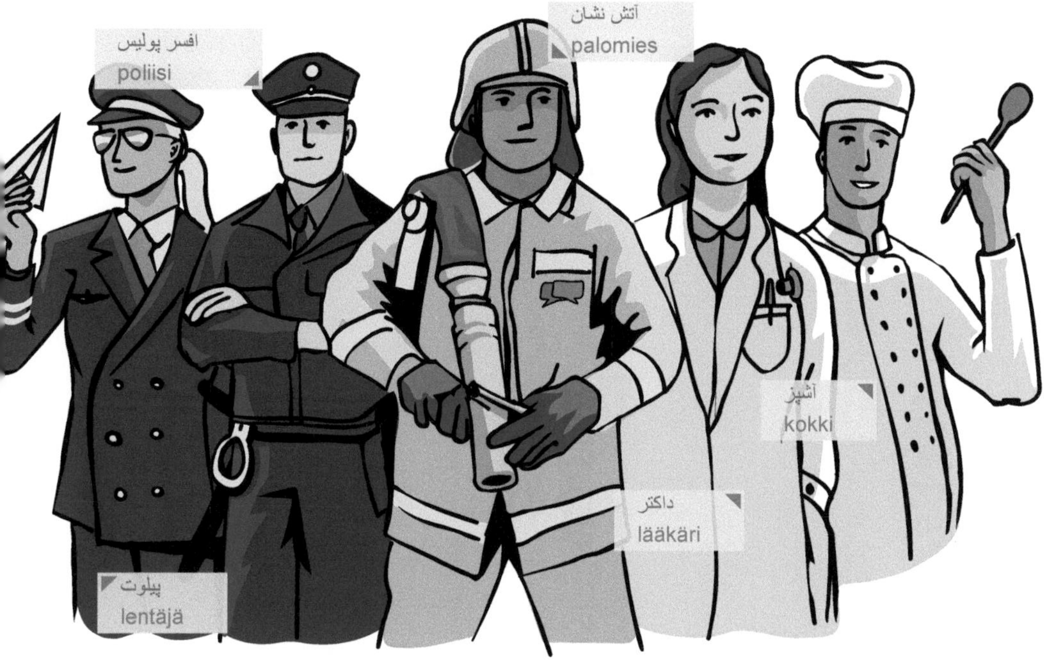

افسر پولیس
poliisi
آتش نشان
palomies
آشپز
kokki
داکتر
lääkäri
پیلوت
lentäjä


باغبان
..................
puutarhuri

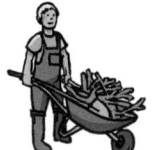

نجار
..................
puuseppä

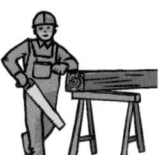

خیاط
..................
ompelija

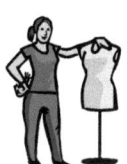

قاضی
..................
tuomari

کیمیا دان
..................
kemisti

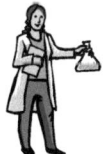

بازیگر
..................
näyttelijä

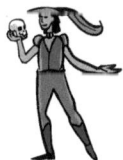

راننده بس

linja-autonkuljettaja

راننده تکسی

taksinkuljettaja

ماهیگیر

kalastaja

خدمه

siivooja

سقف ساز

katontekijä

پیشخدمت

tarjoilija

شکارچی

metsästäjä

نقاش

maalari

نانوا

leipuri

برقی

sähköasentaja

بنا

rakentaja

انجنیر

insinööri

قصاب

teurastaja

نلدوان

putkiasentaja

پستچی

postinjakaja

شغل ها - ammatit

سرباز

sotilas

معمار

arkkitehti

صندوقدار

kassanhoitaja

گل فروش

floristi

آرایشگر

kampaaja

مامور تکت ریل

konduktööri

میخانیک

mekaanikko

کاپیتان

kapteeni

داکتر دندان

hammaslääkäri

دانشمند

tiedemies

خاخام/ عالم یهودی

rabbi

امام

imaami

راهب

munkki

ملا

pappi

# ابزار
# työkalut

پلاس
pihdit
چکش
vasara
پیچ کش
ruuvimeisseli
چراغ دستی
taskulamppu
رینچ
jakoavain


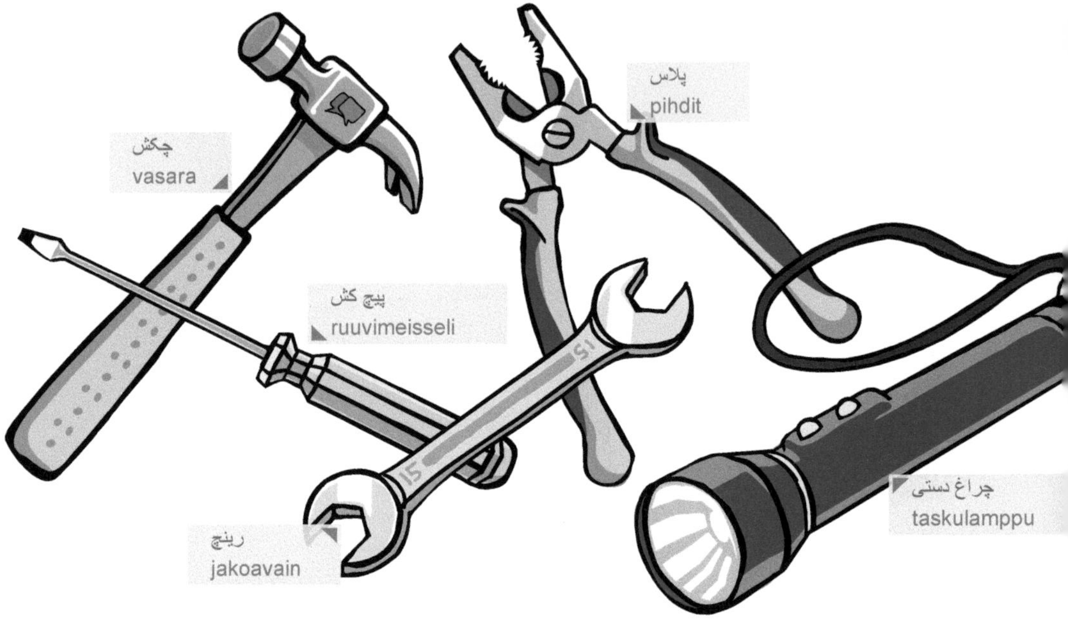

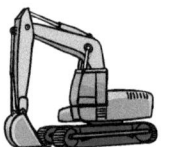

ماشین حفاری

kaivinkone

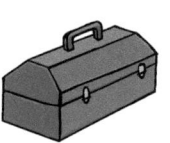

جعبه ابزار

työkalupakki

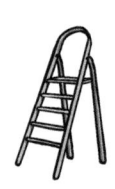

زینه

tikkaat

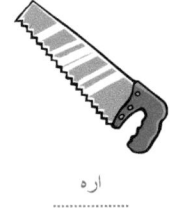

اره

saha

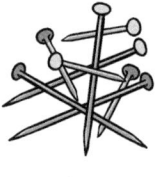

میخ

naulat

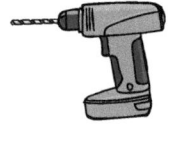

برمه

pora

ترمیم کردن
...............
korjata

بیل
...............
lapio

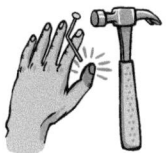

لعنتی!
...............
Hitto!

خاکروبه
...............
rikkalapio

سطل رنگ
...............
maalipurkki

پیچ
...............
ruuvit

## آلات موسیقی
## soittimet

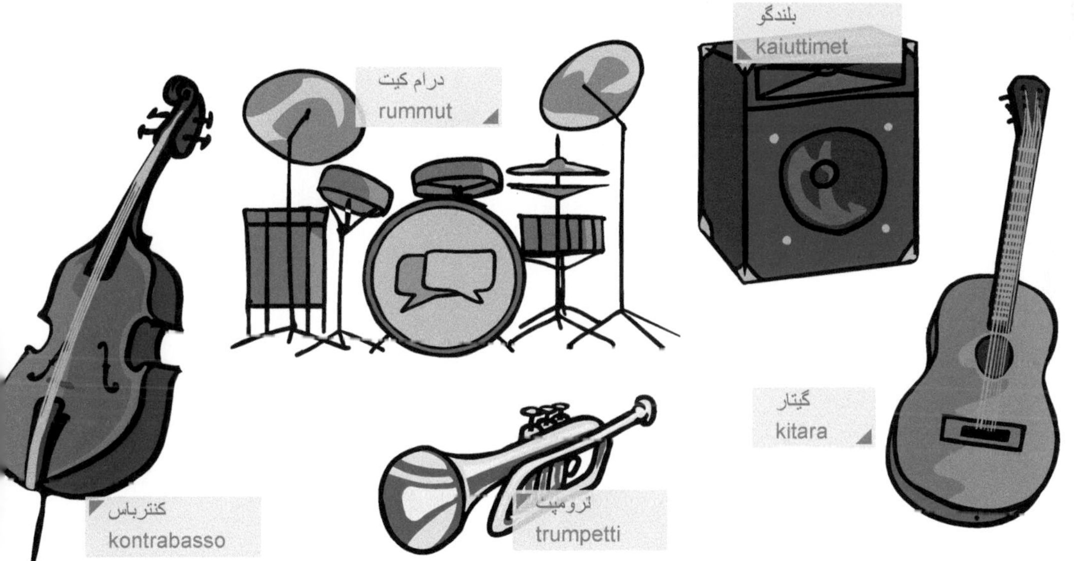

بلندگو
kaiuttimet

درام کیت
rummut

گیتار
kitara

کنترباس
kontrabasso

ترومپت
trumpetti

پیانو

piano

وایلن

viulu

گیتار بیس

basso

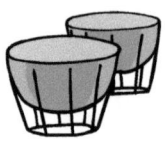

دهل

patarummut

دول

rumpu

گیتار بیس

ساکسوفون

saksofoni

توله

huilu

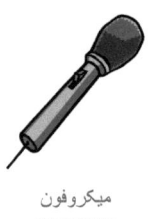

میکروفون

mikrofoni

پیانوی برقی

kosketinsoitin

# باغ وحش
# eläintarha

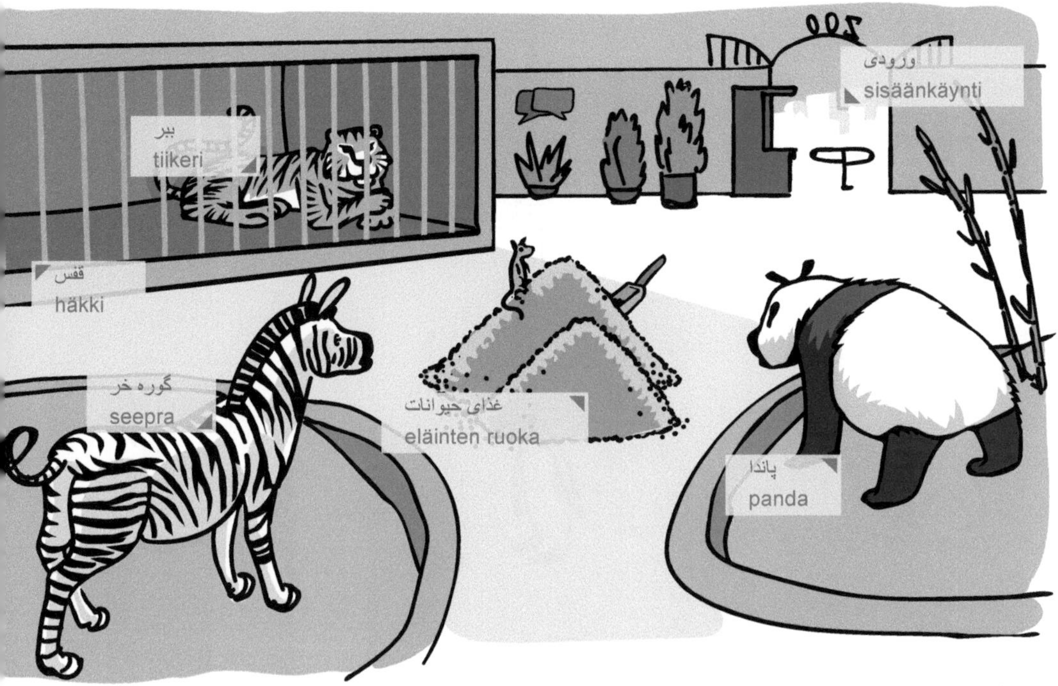
ورودی
sisäänkäynti
ببر
tiikeri
قفس
häkki
گوره خر
seepra
غذای حیوانات
eläinten ruoka
پاندا
panda

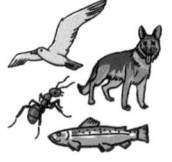

حیوانات

eläimet

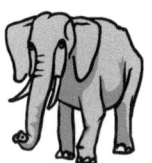

فیل

norsu

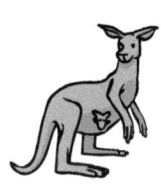

کانگورو

kenguru

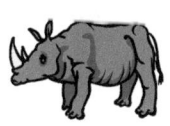

غژ گاو

sarvikuono

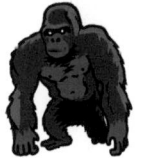

گوریلا

gorilla

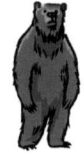

خرس

karhu

شُتر

kameli

شُترمرغ

strutsi

شیر

leijona

میمون

apina

فلامینگو

flamingo

طوطی

papukaija

خرس قطبی

jääkarhu

پنگوئن

pingviini

کوسه

hai

طاووس

riikinkukko

مار

käärme

تمساح

krokotiili

نگهبان باغ وحش

eläintarhanhoitaja

سگ آبی

hylje

پلنگ خالدار امریکایی

jaguaari

اسب کوچک

poni

پلنگ

leopardi

اسب آبی

virtahepo

زرافه

kirahvi

عقاب

kotka

خوک وحشی

villisika

ماهی

kala

سنگ پشت

kilpikonna

شیر دریایی

mursu

روباه

kettu

غزال

gaselli

فوتبال امریکایی
amerikkalainen jalkapallo

بایسکل سواری
pyöräily

تنیس
tennis

باسکتبال
koripallo

آب بازی
uinti

بوکس
nyrkkeily

هاکی روی یخ
jääkiekko

فوتبال
jalkapallo

بدمینتون
sulkapallo

ورزشکاری
yleisurheilu

هندبال
käsipallo

اسکی
hiihto

پولو
poolo

# فعالیت ها
# aktiviteetit

خندیدن
nauraa
خیز زدن
hypätä
بغل کردن
halata
راه رفتن
kävellä
خواندن
laulaa
خواب دیدن
unelmoida
دعا کردن
rukoilla
بوسیدن
suudella


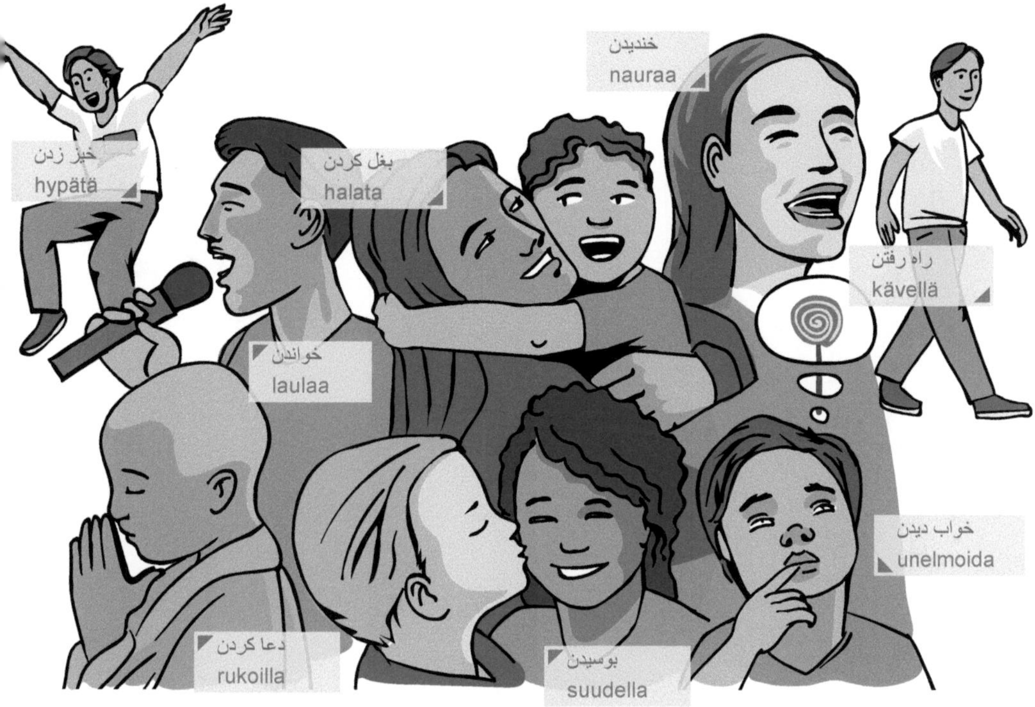

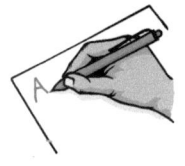

نوشتن
kirjoittaa

کشیدن
piirtää

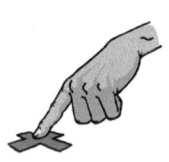

نشان دادن
näyttää

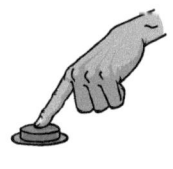

تیله کردن
painaa

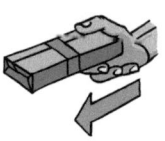

دادن
antaa

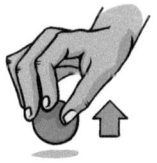

گرفتن
ottaa

داشتن

omistaa

انجام دادن

tehdä

بودن

olla

ایستادن

seisoa

دویدن

juosta

کش کردن

vetää

پرتاب کردن

heittää

افتادن

kaatua

دروغ گفتن

maata

صبر کردن

odottaa

حمل کردن

kantaa

نشستن

istua

لباس پوشیدن

pukeutua

خوابیدن

nukkua

بیدار شدن

herätä

نگاه کردن
katsoa

گریه کردن
itkeä

ضربه زدن
silittää

شانه کردن
kammata

صحبت کردن
puhua

فهمیدن
ymmärtää

پرسیدن
kysyä

گوش دادن
kuunnella

نوشیدن
juoda

خوردن
syödä

مرتب کردن
siivota

عشق ورزیدن
rakastaa

پختن
keittää

رانندگی کردن
ajaa

پرواز کردن
lentää

روی آب حرکت کردن

purjehtia

حساب کردن

laskea

خواندن

lukea

یاد گرفتن

oppia

کار کردن

työskennellä

ازدواج کردن

mennä naimisiin

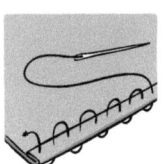

دوختن

ommella

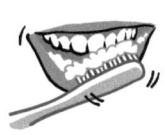

برس کردن دندان ها

pestä hampaat

کشتن

tappaa

سگریت کشیدن

tupakoida

فرستادن

lähettää

# فامیل

# perhe

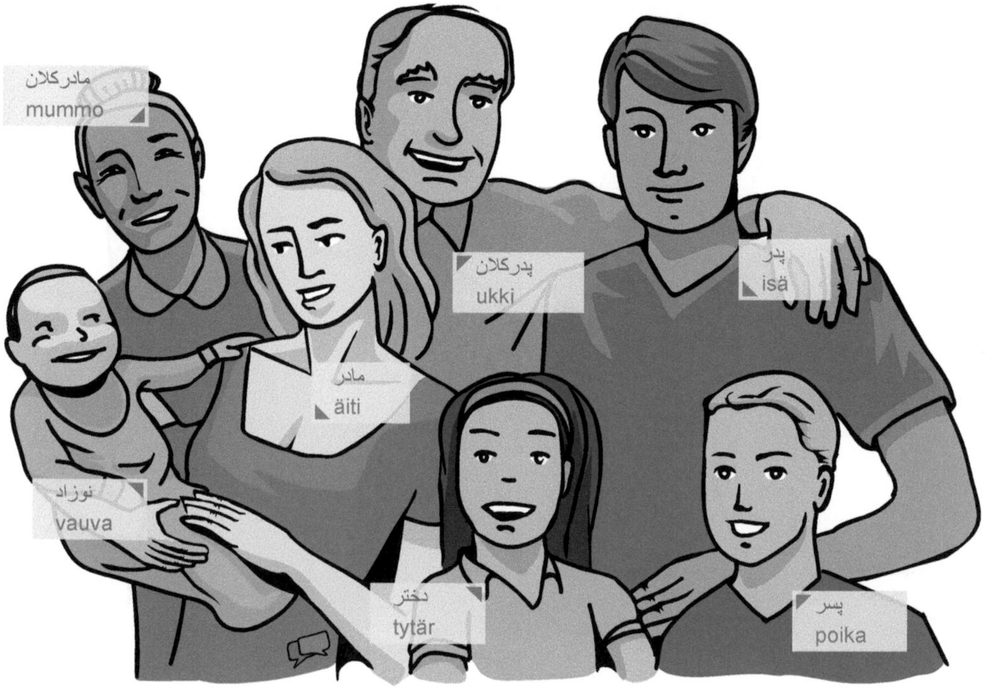
مادرکلان
mummo
پدرکلان
ukki
پدر
isä
مادر
äiti
نوزاد
vauva
دختر
tytär
پسر
poika

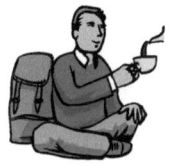

مهمان

..................

vioras

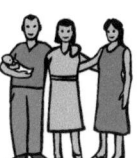

عمه / خاله

..................

täti

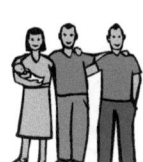

ماما/کاکا

..................

setä

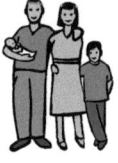

برادر

..................

veli

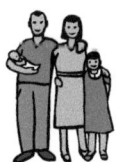

خواهر

..................

sisko

# vartalo

پیشانی
otsa
چشم
silmä
روی
kasvot
زنخ
leuka
انگشت
sormet
دست
käsi
سینه
rinta
بازو
käsivarsi
شانه
olkapää
پا
jalka

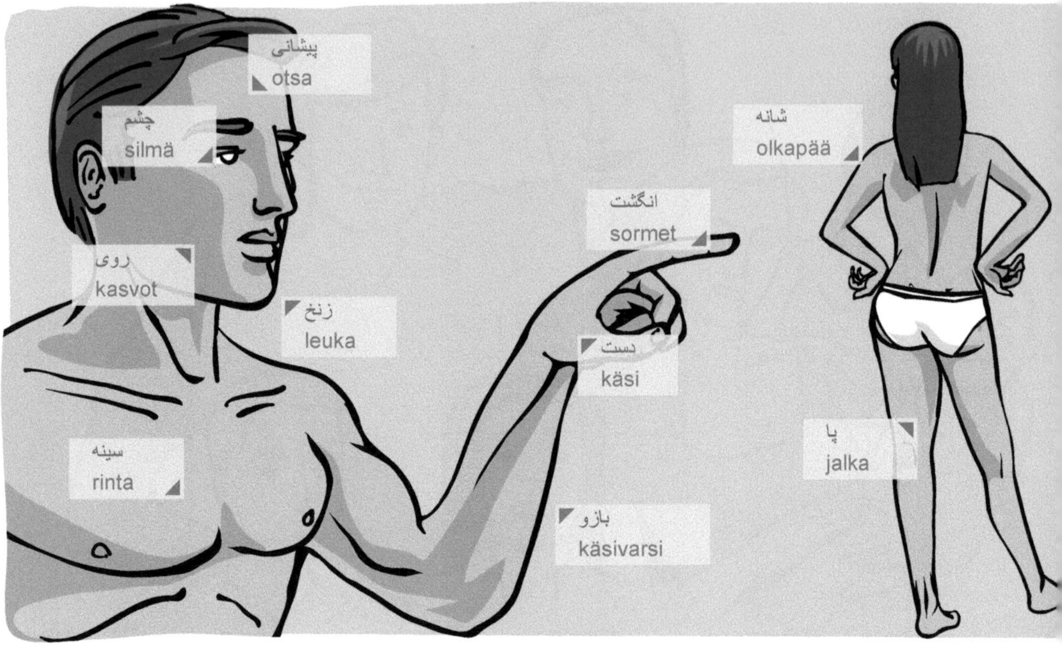

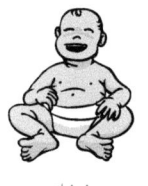

نوزاد

vauva

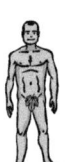

مرد

mies

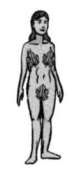

زن

nainen

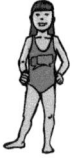

دختر

tyttö

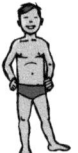

پسر

poika

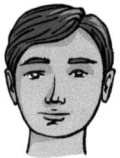

سر

pää

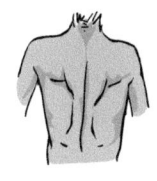

كمر
.................
selkä

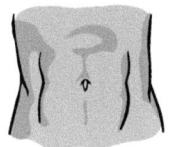

شكم
.................
maha

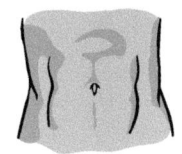

ناف
.................
napa

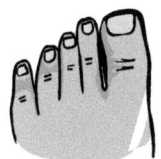

انگشت پا
.................
varvas

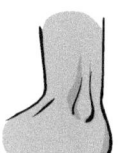

كورى پاى
.................
kantapää

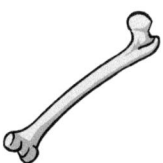

استخوان
.................
luu

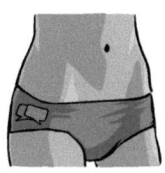

كمر
.................
lantio

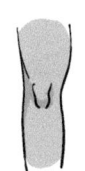

زانو
.................
polvi

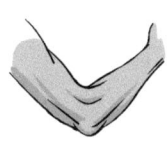

آرنج
.................
kyynärpää

بينى
.................
nenä

سرين
.................
takapuoli

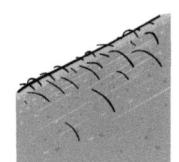

پوست
.................
iho

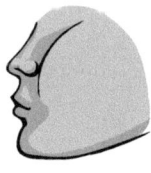

كومه
.................
poski

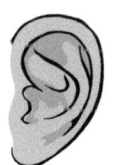

گوش
.................
korva

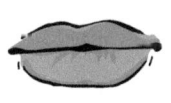

لب
.................
huuli

دهان
.............
suu

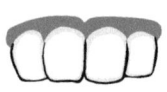

دندان
.............
hammas

زبان
.............
kieli

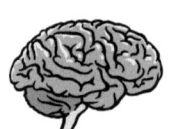

مغز
.............
aivot

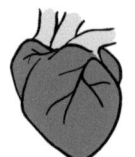

قلب
.............
sydän

عضله
.............
lihas

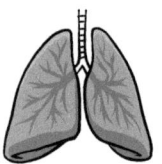

شش
.............
keuhkot

جگر
.............
maksa

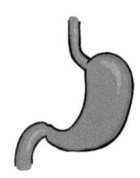

معده
.............
vatsa

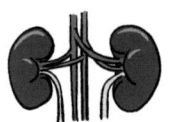

گرده
.............
munuaiset

رابطه جنسی
.............
seksi

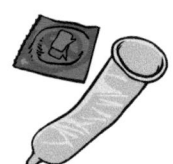

کاندوم
.............
kondomi

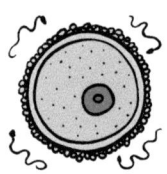

تخمه
.............
munasolu

آب منی
.............
sperma

حاملگی
.............
raskaus

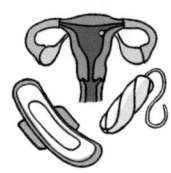

قاعده گی
..................
kuukautiset

مجرای تناسلی زن
..................
vagina

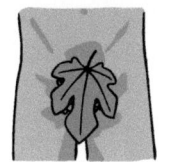

آلت تناسلی مرد
..................
penis

ابرو
..................
kulmakarvat

مو
..................
hiukset

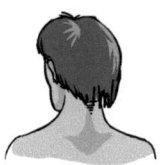

گردن
..................
niska

# شفاخانه

# sairaala

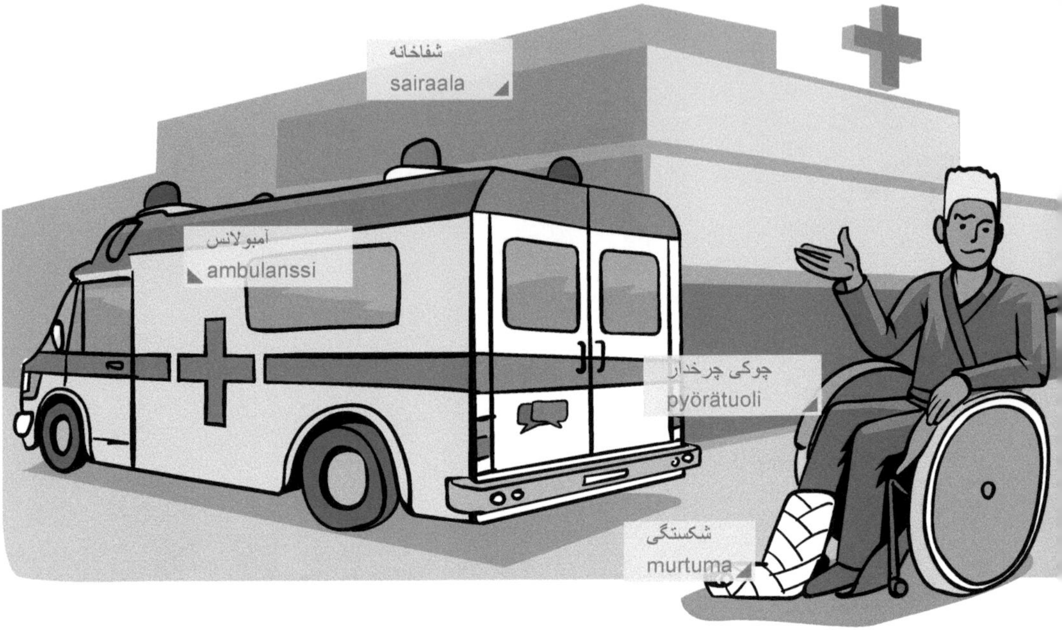

شفاخانه
sairaala
آمبولانس
ambulanssi
چوکی چرخدار
pyörätuoli
شکستگی
murtuma


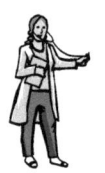

داکتر

lääkäri

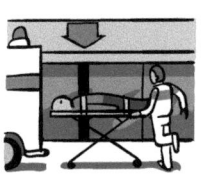

اطاق عاجل

ensiapu

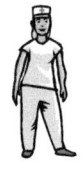

نرس

sairaanhoitaja

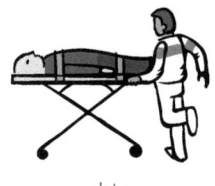

عاجل

hätätilanne

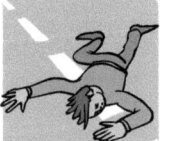

بیهوش

tajuton

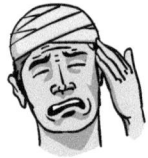

درد

kipu

جراحت

vamma

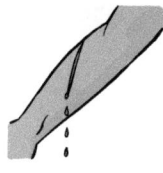

خونريزى

verenvuoto

حمله قلبى

sydänkohtaus

سكته مغزى

aivoinfarkti

حساسيت

allergia

سرفه

yskä

تب

kuume

انفلوانزا

flunssa

اسهال

ripuli

سردرد

päänsärky

سرطان

syöpä

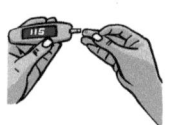

شكر

diabetes

جراح

kirurgi

چاقوى جراحى

veitsi

عمليات

leikkaus

سی تی

ct

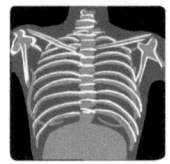

ایکسری

röntgen

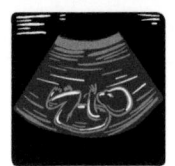

سونوگرافی

ultraääni

ماسک روی

maski

مریضی

sairaus

اطاق انتظار

odotushuone

عصا

sauva

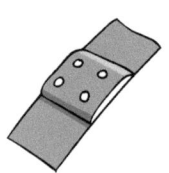

گچ

laastari

پانسمان

side

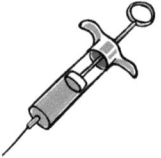

تزریق

pistos

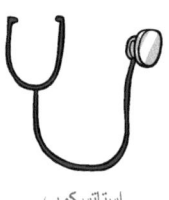

استاتسکوپ

stetoskooppi

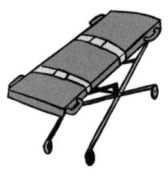

تذکره

paarit

ترمامیتر کلینیکی

kuumemittari

تولد

syntymä

اضافه وزن

ylipaino

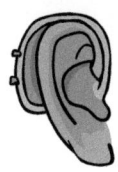

سمعک
.................
kuulolaite

ضدعفونی کننده
.................
desinfiointiaine

عفونت
.................
infektio

وایروس
.................
virus

اچ آی وی / ایدز
.................
HIV / AIDS

ادویه
.................
lääke

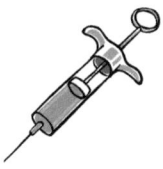

واکسیناسیون
.................
rokotus

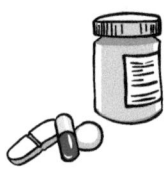

تابلیت ها
.................
tabletit

تابلیت
.................
pilleri

تماس اضطراری
.................
hätäpuhelu

مانیتور فشار خون
.................
verenpainemittari

بیمار / سالم
.................
sairas / terve

# hätätilanne

كمک!

Apua!

زنگ هشدار

hälytys

تجاوز

ryöstö

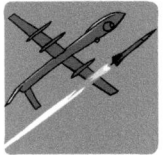

حمله

hyökkäys

خطر

vaara

خروج اضطراری

hätäuloskäynti

آتش!

Tulipalo!

آله ضد حریق

palosammutin

حادثه

onnettomuus

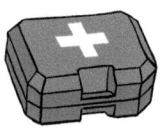

بكسه کمک های اولیه

ensiapulaukku

پیام اضطراری

SOS

پولیس

poliisilaitos

اروپا

Eurooppa

امریکای شمالی

Pohjois-Amerikka

امریکای جنوبی

Etelä-Amerikka

آفریقا

Afrikka

آسیا

Aasia

استرالیا

Australia

اقیانوس اطلس

Atlantin valtameri

اقیانوس آرام

Tyynimeri

اقیانوس هند

Intian valtameri

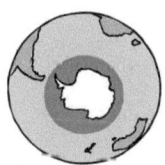

اقیانوس منجمد جنوبی

Eteläinen jäämeri

افیانوس منجمد شمالی

Pohjoinen jäämeri

قطب شمال

pohjoisnapa

قطب جنوب
..................
etelänapa

قاره قطب جنوب
..................
Antarktis

زمین
..................
maa

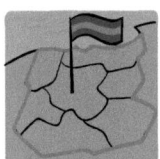

خشکی
..................
maa

دریا
..................
meri

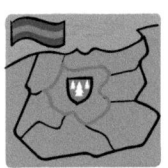

جزیره
..................
saari

ملت
..................
kansa

کشور
..................
osavaltio

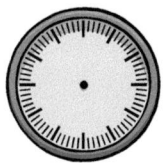

روی ساعت

kellotaulu

عقربه ساعت شمار

tuntiviisari

عقربه دقیقه شمار

minuuttiviisari

عقربه ثانیه شمار

sekuntiviisari

ساعت چند است؟

Paljonko kello on?

روز

päivä

زمان

aika

اکنون

nyt

ساعت دستی دیجیتل

digitaalikello

دقیقه

minuutti

ساعت

tunti

هفته

# viikko

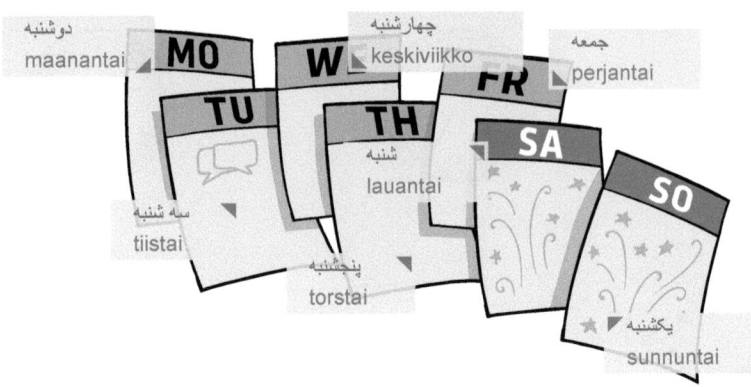

دوشنبه
maanantai

چهارشنبه
keskiviikko

جمعه
perjantai

سه شنبه
tiistai

شنبه
lauantai

پنجشنبه
torstai

یکشنبه
sunnuntai

دیروز
eilen

امروز
tänään

فردا
huomenna

صبح
aamu

ظهر
keskipäivä

غروب
ilta

روزهای کاری
työpäivät

آخر هفته
viikonloppu

# سال

# vuosi

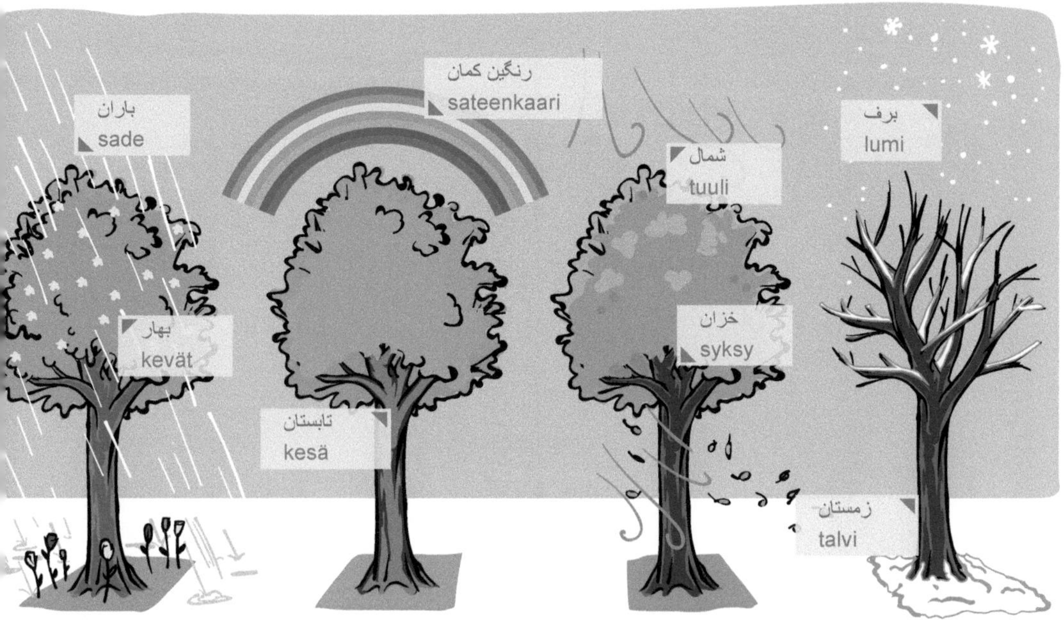

باران
sade
رنگین کمان
sateenkaari
شمال
tuuli
برف
lumi
بهار
kevät
تابستان
kesä
خزان
syksy
زمستان
talvi


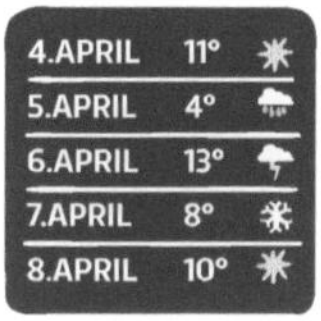

4.APRIL 11°
5.APRIL 4°
6.APRIL 13°
7.APRIL 8°
8.APRIL 10°


پیش بینی آب و هوا

sääennuste

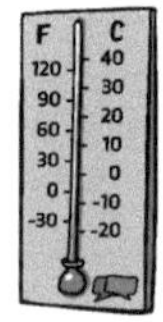

F
C
120
90
60
30
0
-30
40
30
20
10
0
-10
-20


ترمامیلر

lämpömittari

آفتاب

auringonpaiste

ابر

pilvi

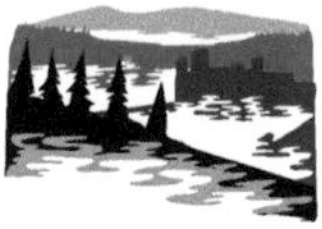

غبار

sumu

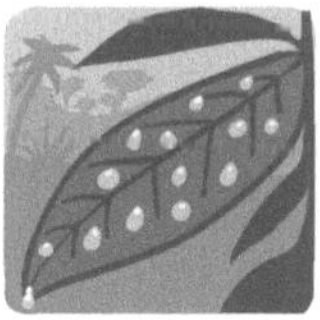

رطوبت

ilmankosteus

رعد و برق

salama

الماسک

ukkonen

طوفان

myrsky

ژاله

rae

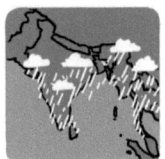

موسم بارندگی

monsuuni

سیل

tulva

یخ

jää

جنوری

tammikuu

فبروری

helmikuu

مارچ

maaliskuu

اپریل

huhtikuu

می

toukokuu

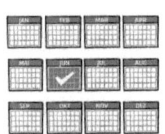

جون

kesäkuu

جولای

heinäkuu

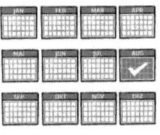

اگست

elokuu

سال - vuosi

سپتمبر
..............
syyskuu

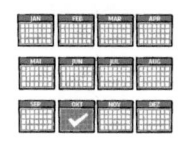

اکتوبر
..............
lokakuu

نومبر
..............
marraskuu

دسمبر
..............
joulukuu

# muodot

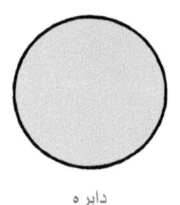

دایره
..............
ympyrä

مربع
..............
neliö

مستطیل
..............
suorakulmio

مثلث
..............
kolmio

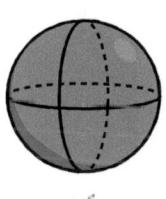

کره
..............
pallo

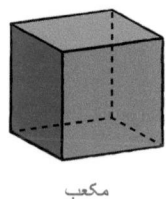

مکعب
..............
kuutio

سفید

valkoinen

زرد

keltainen

نارنجی

oranssi

گلابی

vaaleanpunainen

سرخ

punainen

بنفش

violetti

آبی

sininen

سبز

vihreä

نصواری/قهوه یی

ruskea

خاکستری

harmaa

سیاه

musta

زیاد / کم

paljon / vähän

عصبانی / آرام

vihainen / ystävällinen

مقبول / بدرنگ

kaunis / ruma

آغاز / پایان

alku / loppu

بزرگ / کوچک

suuri / pieni

روشن / تیره

vaalea / tumma

برادر / خواهر

veli / sisko

پاک / کثیف

puhdas / likainen

کامل / ناقص

täydellinen / epätäydellinen

روز / شب

päivä / yö

مرده / زنده

kuollut / elävä

عریض / باریک

leveä / kapea

خوراکی / غیر خوراکی

syötävä / syömäkelvoton

عصبانی / دوستانه

paha / kiltti

هیجان زده / کسل

innostunut / tylsistynyt

چاق / لاغر

lihava / laiha

اول / آخر

ensimmäinen / viimeinen

دوست / دشمن

ystävä / vihollinen

پر / خالی

täysi / tyhjä

سخت / نرم

kova / pehmeä

سنگین / سبک

painava / kevyt

گرسنگی / تشنگی

nälkä / jano

بیمار / سالم

sairas / terve

غیر قانونی / قانونی

laiton / laillinen

باهوش / احمق

älykäs / tyhmä

چپ / راست

vasen / oikea

نزدیک / دور

lähellä / kaukana

نو / کهنه
.......................
uusi / käytetty

هیچ چیز / چیزی
.......................
ei mitään / jotain

پیر / جوان
.......................
vanha / nuori

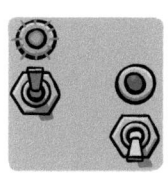

روشن / خاموش
.......................
päällä / pois päältä

باز / بسته
.......................
auki / kiinni

بی صدا / پر سر و صدا
.......................
hiljainen / äänekäs

ثروتمند / فقیر
.......................
rikas / köyhä

صحیح / غلط
.......................
oikein / väärin

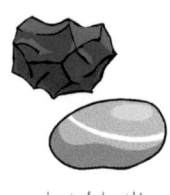

ناهموار / هموار
.......................
karhea / sileä

غمگین / خوشحال
.......................
surullinen / iloinen

کوتاه / بلند
.......................
lyhyt / pitkä

آهسته / سریع
.......................
hidas / nopea

تر / خشک
.......................
märkä / kuiva

گرم / سرد
.......................
lämmin / viileä

جنگ / صلح
.......................
sota / rauha

# numerot

| | | |
|---|---|---|
| **0** | **1** | **2** |
| صفر | یک | دو |
| nolla | yksi | kaksi |
| **3** | **4** | **5** |
| سه | چهار | پنج |
| kolme | neljä | viisi |
| **6** | **7** | **8** |
| شش | هفت | هشت |
| kuusi | seitsemän | kahdeksan |
| **9** | **10** | **11** |
| نه | ده | یازده |
| yhdeksän | kymmenen | yksitoista |

**12**

دوازده
...............

kaksitoista

**13**

سیزده
...............

kolmetoista

**14**

چهارده
...............

neljätoista

**15**

پانزده
...............

viisitoista

**16**

شانزده
...............

kuusitoista

**17**

هفده
...............

seitsemäntoista

**18**

هجده
...............

kahdeksantoista

**19**

نوزده
...............

yhdeksäntoista

**20**

بیست
...............

kaksikymmentä

**100**

صد
...............

sata

**1.000**

هزار
...............

tuhat

**1.000.000**

میلیون
...............

miljoona

انگلیسی

englanti

انگلیسی امریکایی

amerikanenglanti

چینی ماندارین

mandariinikiina

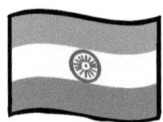

هندی

hindi

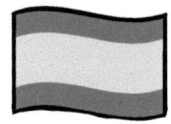

اسپانیایی

espanja

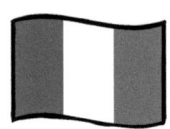

فرانسوی

ranska

عربی

arabia

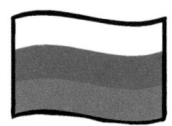

روسی

venäjä

پرتغالی

portugali

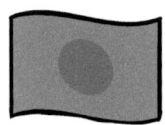

بنگالی

bengali

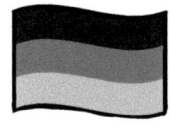

آلمانی

saksa

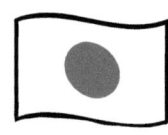

جاپانی

japani

من

minä

شما

sinä

او / او / آن

hän

ما

me

شما

te

آن ها

he

کی؟

kuka?

چی؟

mitä / mikä?

چطور؟

miten?

کجا؟

missä?

چه وقت؟

milloin?

اسم

nimi

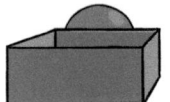

عقب

takana

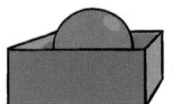

در

sisällä

پیش روی

edessä

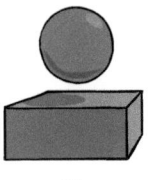

بالا

yläpuolella

روی

päällä

زیر

alapuolella

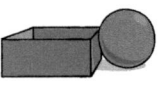

پهلو

vieressä

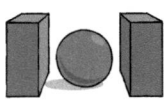

میان

välissä

محل

paikka